# 늑인
### 勒印

**엮은이** 4·3 도민연대
**글쓴이** 문소연
**펴낸이** 김순남
**펴낸곳** 도서출판 각 Ltd.┿

**초판 인쇄** 2018년 3월 27일
**초판 발행** 2018년 4월 3일

도서출판 각 Ltd.┿
주소 (690-809) 제주특별자치도 제주시 관덕로6길 17 2층
전화 064·725·4410
팩스 064·759·4410
등록번호 제651-2016-000013호

ISBN 979-11-88339-09-9 03910

값 15,000원

# 늙인 勒印

## 4·3수형생존자 7인의 일곱 가지 이야기

4·3도민연대 엮음 / 문소연 글

| 목차 |

〈프롤로그〉
일곱 가지 이야기 속으로 들어가며 | 9

〈이야기 하나〉
**1948년, 그해 가을**
 ○ 읍사무소에 근무하다가 | 13
 ○ 남편을 찾으러 나섰다가 | 20
 ○ 산속으로 숨어 다니다가 | 27
 ○ 교복을 입은 채 | 29
 ○ 민보단 일을 하다가 | 30
 ○ 귀순했는데… | 32
 ○ 그들은 잡혀갔습니다 | 35

〈이야기 둘〉
**그것이 재판이었다고?**
 ○ 꿇어앉아 있었을 뿐 | 45
 ○ 시간도 얼마 안 걸려 | 46
 ○ 군인이 선 채로 장부 걷으면서 | 48
 ○ 이름만 부르고 끝이야 | 50
 ○ 항변 한마디 못하고 | 52
 ○ 줄지어서 관덕정 갔다 왔는데 | 54

○ 죄목도 형량도 몰라 | 55

○ 이상한 재판 | 56

   - 일반재판

   - 군법회의

〈이야기 셋〉

**제주바다를 건너며** | 71

〈이야기 넷〉

**4·3 이전의 삶**

○ 김영주 이야기, 목장에서 살고 싶었는데 | 77

○ 송○○ 이야기, 집안일밖에 모르고 살았지 | 81

○ 김상년 이야기, 천신만고 끝에 시작한 교육자 길이… | 85

○ 박춘옥 이야기, 별 걱정 없이 살았주 | 97

○ 김두황 이야기, 가난해도 희망이 있었는데 | 98

○ 부원휴 이야기, 공부밖에 모르던 학생 | 106

○ 김경인 이야기, 세상물정 모르던 순진한 소녀 | 109

〈이야기 다섯〉

**4·3의 수형에 옮혀**

○ 김상년, 목포형무소를 거쳐 마포형무소로 가다 | 113

○ 부원휴, 인천형무소로 가다 | 116

○ 박춘옥, 전주형무소로 가다 | 120

○ 송○○, 전주형무소에 있다가 안동형무소로 이송되다 | 122
○ 김두황, 목포형무소로 가다 | 126
○ 김경인, 전주형무소에 있다가 서대문형무소로 이송되다 | 132
○ 김영주, 대구·부산형무소를 거쳐 마산형무소로 가다 | 134
○ 4·3과 수형인 | 141
　- 일반재판과 수형
　- 군법회의와 수형인명부
　- 1948년 군법회의 수형인명부
　- 1949년 군법회의 수형인명부
　- 이 형무소에서 저 형무소로
　- 이렇게 죽고 저렇게 사라지고

〈이야기 여섯〉
## 살아 돌아왔건만
○ 고문 후유증으로 시달리고 | 151
○ 기막히게 엇갈린 삶 속에서 | 154
○ 남모르는 멍에를 안고 | 164
○ 또 잡혀가고, 감시받고 | 169
○ 비뚤어져버린 얼굴 | 175
○ 평생을 따라다닌 굴레 | 178
○ 고향에는 아무 것도 없고 | 189
○ 6·25와 예비검속 그리고 연좌제의 그물 | 193

〈이야기 일곱〉

## 늑인

○ 또 당하라면 차라리 자살해버리지 | 203
○ 4·3 얘기만 하면 머리가 핑 돌아 | 204
○ 명예회복이 돼야 말을 하지 | 206
○ 어디 잊혀질 일입디까? | 208
○ 그때 생각만 하면 아주 지긋지긋해 | 210
○ 소름 돋고 끔찍해서 말하기도 싫어 | 211
○ 제주도, 이제는 들어가도 되겠지요? | 213

〈에필로그〉

이야기 뒤풀이 | 217

⟨프롤로그⟩

# 일곱 가지 이야기 속으로 들어가며

2010년에 들었던 제법 긴 이야기를 전해볼까 합니다. 김영주 김상년 송○○ 김두황 박춘옥 부원휴 김경인, 이 일곱 사람이 80여 년을 살면서 겪은 이야기입니다. 송○○ 박춘옥 김경인은 여자, 김영주 김상년 김두황 부원휴는 남자입니다. 지금 김두황 박춘옥 부원휴 김경인은 제주에 살고 있고, 김영주 김상년은 서울에, 송○○는 인천에 살고 있습니다. (송○○라고 표기한 것은 그의 딸이 실명을 밝히지 말아달라고 했기 때문입니다.)

이들의 공통점은 제주사람이라는 것, 4·3사건이 일어났던 1948년에는 제주에 살고 있었다는 것, 그리고 그로 인해 수형생활을 했다는 것입니다.

국어사전에 따르면, '수형(受刑)'은 '형벌을 받다'는 뜻입니다. '형벌(刑罰)'은 '범죄에 대한 법률의 효과로서 국가 따위가 범죄자에게 제재를 가하는' 것을 일컫습니다. '범죄(犯罪)'는 '법규를 어기고 저지른 잘못'이지요. 그러나 이 일곱 사람들은 70여 년이 지난 지금까지도 자신들의 '무엇'이 수형생활을 해야 할 만큼 '범죄'가 됐던 것인지 모르겠다고 말합니다.

1948년 봄, 그들은 꽃다운 청춘이었습니다. 누구는 말을 기르고, 농사를 짓고, 또 누구는 직장에 다니고, 학교에 다니고, 누구는 살림을 했습니다. 그렇게 소박하고 평범하게 살고 있었을 뿐입니다. 그래서 이들 가운데 누구는 이렇게 얘기합니다.

"아무리 생각해도 촌에서 산 죄밖에 없어요."

이들이 들려준 지난 세월 가운데 편안한 얼굴로 돌이켜 낸 시절도 딱 거기까지였습니다. 그해 가을과 겨울에 맞닥뜨려야 했던 이야기를 꺼내놓으면서부터는 하나같이 몸서리를 쳤습니다. 80 평생 중 가장 큰 불안과 공포를 경험한 것이 바로 그때였다고 했습니다. 도망 다니고 숨어 살고 붙잡히고 끌려다니고 고문당하고 내팽개쳐지며 만신창이가 된 몸으로 제주를 떠나는 배에 태워졌을 때, 어디로 가는지 알고 있었다는 사람은 없었습니다.

"오라면 오고, 가라면 갔습니다."

그렇게 뭐가 뭔지 모르고 밀려들어간 곳이 형무소였습니다. 그저 살아서 고향으로 돌아가기만을 바라며 견뎌내야 했던 것이 수감생활이었습니다. 그리고 그것이 멍에가 되어 그 이후의 삶을 흔들어놓곤 했습니다. 그래서 이들 가운데 누군가는 이렇게 얘기합니다.

"지은 죄 없이 당할 대로 다 당하고 수감생활 한 것도 억울한데, 그게 평생을 따라다니면서 자식들까지 괴롭힐 때는 정말 고통스럽습디다. 그럴 때마다 아직도 갇혀있구나…."

이들에게 4·3은 죄 없이 겪어야 했던 수형이었고, 아직도 풀려나지 못한 굴레입니다. 이제 그 이야기 속으로 들어가 보겠습니다.

<이야기 하나>
## 1948년, 그해 가을

- 읍사무소에 근무하다가
- 남편을 찾으러 나섰다가
- 산속으로 숨어 다니다가
- 교복을 입은 채
- 민보단 일을 하다가
- 귀순했는데…
- 그들은 잡혀갔습니다

〈이야기 하나〉

# 1948년, 그해 가을

## 읍사무소에 근무하다가

1948년, 스물네 살 김상년은 제주읍사무소에 근무하고 있었습니다. 그해 11월이 다 가던 어느 날, 경찰관과 헌병이 읍사무소 안으로 들어서더니 이내 읍장실로 들어갔습니다.

"조금 있으니까 읍장이 나를 손짓으로 불러요. 들어갔더니 경찰관 하나하고 헌병대라고 하던가, 특무대라고 하던가, 군인인데…. 내게 수갑을 싹 채워. 그리고는 제주경찰서로 데려가는 거예요."

김상년은 그렇게 갑자기 잡혀갔습니다. 그가 제주경찰서로 잡혀간 일이 처음은 아니었습니다. 1947년 4월에도 그랬습니다. 그때 김상년은 외도국민학교 교원이었습니다.

김상년이 외도국민학교 교원이 된 것은 그가 스무 살 되던 해인 1944년이었습니다. 말단교원이었던 그는 이듬해 수석교원이 됩니다.

"제일 꼴찌에 해당되는 교원이었는데, 해방되고 나니까 일본인 교사들도 나가고, 육지에서 온 교사들도 다 고향으로 가버리는 바람에 내가 수석교원이 돼버렸어요. 나하고 동급인 교사 둘이 들어오긴 했는데, 내가 먼저 외도국민학교에 와있었으니까 '당신이 선배이니 교감 노릇을 해라' 해서 수석교사 역할을 한 것인데…."

1947년 3월 제주도내 거의 모든 관공서들까지 파업에 들어갔을 때였습니다.

"3·1사건 관계로 파업을 하게 된 건데, 그때 교사들이 교장한테 파업하겠다는 얘기를 나보고 하라는 거예요. '수석교원이 해야지' 하면서…. 그 말도 옳다 싶어 교장한테 내가 얘기를 했어요. '우리가 사랑하는 어린애가 경찰 총에 맞아서 죽지 않았습니까. 모두 파업하는데 우리만 안 할 수 없어요. 파업합시다.' 그렇게 해서 우리도 파업에 들어갔지요."

그해 4월에 김상년은 결혼을 하고 처갓집에서 지냈습니다. 그런데 며칠 뒤 제주경찰서에 연행되고 맙니다.

"경찰이 교장에게 파업 주동자 대라고 하니까, 김상년이가 주동이 돼서 파업했다, 그렇게 얘기해버린 거예요. 경찰서에서 1주일인가 살다가 재판 받았는데 판사 이름 지금도 잊어버리지 않았어요, 최원순 판사. 재판 받아가지고 1년 6개월 징역형에 벌금 천 원, 집행유예 3년, 그렇게 해서 전과자가 되고 말았어요."

당시 3·1집회 및 총파업 관련 판결문에는 김상년의 판결 날짜는 4월 28일이며 활동 내용은 '제주읍서부국교파업투쟁위 조직', 형량은 '징역 5월/집행유예'로 기록돼 있습니다. 그러나 김상년은 그때 자신이 받은 형량을 '징역 1년 6개월, 벌금 천 원, 집행유예 3년'으로 기억하고 있었습니다.

"경찰서에서 1주일 살고, 감옥살이는 안 했습니다. 그런데 5월에 학교에서 파면을 당하고 말았습니다."

김상년은 막막했습니다. 그보다 처가에서 더 기막혀했습니다. 똑똑하고 성실한 젊은이여서 무척 신뢰하고 있었고 더구나 학교 교사였기 때문에 '참 괜찮은 사위' 얻었다고 좋아했었는데 결혼하고 한 달도 되지 않아 교사직에서 파면을 당하고 말았으니….

"파면 당하고 처갓집에서 살고 있었는데, 우리 8촌 형하고, 김상현이라고 고칠종의 처남인데, 그 사람이 도남인가 어디 산에서 뭐할 적에 나보고 산에 오라고 해요. 우리 8촌 형도 사범학교 나와서 교편 잡던 사람이고, 김상현이라는 사람도 교원이었던 사람입니다. 4·3 때 죽었습니다. 그때 우수한 교원들 다 죽었어요. 나만 미련퉁이니까 살아났지…. 아무튼, 그 8촌 형하고 김상현이라는 사람이 산에 오라고 해서 갔더니, '산에 와서 일하라'고 합디다. 거기서 일하는 사람들은 자급자족을 하고 있었어요. 8촌 형한테 얘기했죠. '형님은 집안이 좀 사니까 식량도 살 수 있지만, 나는 집에서 가져가든지 해야 하는데, 형님 아시다시피 우리 집에서 뭐를 갖다 먹을 수 있겠습니까, 더구나 처가살이 하는 중인데…. 나는 도저히 여기 못 있겠습니다.' 그러고는 산에서 내려갔죠."

김상년이 교직에서 파면 당하자 처가에서 특히 장모가 그를 취직시키기 위해 여기저기 알아보며 애를 썼다고 합니다.

"처갓집에서 하다하다 못하니까, 그때 한민당 계열에 동장이 있었는데 장모님이 그 동장에게 '읍장한테 얘기해서 우리 사위 취직시켜주십시오.' 하고 부탁을 했던 모양이라. 그렇게 해서 읍사무소에 취직을 하게 됐는데, 교육자였다고 학무과에 수석서기로 발령을 내주대요."

그렇게 해서 제주읍사무소에 다니게 된 김상년은 용담동에 집을 한 칸 빌려 아내와 함께 이사를 하고 살았습니다.

"거기 있으니까 우리 고향마을 사람들이 나를 만나러 왔어요. 막 학벌 좋은 김학연이라고 농업학교도 1등으로 나오고 사범학교도 1등으로 나오고, 왜정 때 학도병 견습장교도 했던 사람인데…, 그때는 적산관리청에 근무하고 있었는데, 그 사람뿐만이 아니라 여러 사람이 '너 우리한테 협조 안하면 너뿐만 아니라 부모님까지 다 죽으니 우리한테 협조해라'…, 좌익에서 하는 얘기죠. 그러면서 기부금이라도 내라는 거예요. 그런 거라도 안하면 내가 읍사무소에 다니니까 산사람들이 와서 부모님까지 죽여 버린대요. 그런 애기를 하니 사람 환장하겠어. 그때 당시만 해도 나는 말하자면 왼쪽일 것이고 파업해서 학교 파면까지 당한 사람인데, 성내 가서 관리생활 한다고 해서 나보고 우익이라고 판단할 수 있어요? 아무튼 '돈이라도 내지 않으면 부모님이 위험하다, 돈을 내라'고 해서 내가 450원을 줬어요."

그리고 김상년은 그 일을 잊고 있었습니다. 읍사무소에 다니면서도 워낙 성실해서 인정받으며 일했고, 살림도 안정을 찾아갈 즈음 4·3사건이 일어납니다. 김상년의 아내를 비롯한 처가 식구들은 모두 아내의 외가인 광령의 해안동으로 올라갔습니다. 그 무렵 아내는 산달이 가까워오고 있었습니다.

혼자 남아 읍사무소에 다니던 김상년은 아내가 아이 낳을 때가 되자 걱정되고 궁금해서 견딜 수가 없었습니다. 하필이면 5·10 선거 무렵이어서 여간 뒤숭숭한 게 아니었지만 아내를 만나기 위해 해안동으로 향했다고 합니다.

"그쪽엔 소위 좌익들이 있는 동네였어요. 내가 우익 같으면 갈 수 있겠습니까? 가다가 잡히면 죽기나 하지. 하지만 우익이 아니고, 또 나는 과거에 교원도 파면 당했으니까 올라가도 누가 건드리는 사람 없겠지 하고 안심하고 올라갔는데…."

마을 어귀에 다다를 때쯤이었습니다. 그곳에서 누가 탁 튀어나오더니 '무엇 때문에 여기 올라왔느냐?'며 날이 시퍼런 일본도를 목 앞으로 들이댔습니다. 깜짝 놀라 보니, 아는 얼굴이더랍니다.

"왜정 때 일본 병정으로 가려면 훈련받는 청년특별양성소라는 게 각 학교마다 있었어요. 거기에 훈련받으러 다녔던 학생이었습니다. 나한테 선생이라고 경례 붙이고 하던 사람인데 나를 모르겠어요? 그런데 날 붙잡아가지고 대번에 반말 하면서, 선을 타고 올라왔느냐, 비밀선을 말하는 것이죠. 무엇 때문에 올라왔느냐, 선거하러 왔느냐…."

아내가 첫애를 낳게 되니까 궁금해서 왔다고 해도 막무가내였습니다. 금방이라도 칼을 내리칠 기세여서, 여기서 죽게 되는가보다 했다고 합니다. 그때 마을 쪽에서 서너 사람이 달려왔습니다.

"교직에 있을 때 학부형이었던 사람들이었어요. 어떻게 연락을 받았는지 그 사람들이 달려와서 말렸어요. '김상년 선생은 우익 쪽에서 뭘 할 분도 아니고, 우익 편 들 사람도 아니라는 거 너희들도 다 알지 않느냐, 아내가 해산 시기가 된 거 맞다, 그리고 5·10 선거 하러 여기까지 오는 게 말이 되냐' 말이지. 일본도로 내 모가지 치려고 할 찰나에 그 사람들이 와가지고 살아난 거요. 하마터면 내가 그때 좌익한테 모가지 떨어질 뻔 했지요."

김상년은 아내가 있는 곳에는 가보지도 못하고 마을 어귀에서 발길을 돌려야 했습니다. 그 길로 부모가 사는 이호 집으로 내려와 숨어 지냈습니다. 좌익이든 우익이든 안심할 수가 없었기 때문입니다. 좌익도 우익도 아니었지만, 전과자에다 파면 당해서 읍사무소에 근무하던 사람이 산에까지 갔다 왔으니, 좌익이랄 수도 우익이랄 수도 없고, 그렇다고 좌익이 아니랄 수도 우익이 아니랄 수도 없는 이상한 처지가 돼버린 것이지요.

보리타작이 한창이던 시기의 어느 날, 방 안에 있던 김상년은 자동차소리를 들었습니다. 부모님은 마당에서 보리타작을 하고 있었습니다. 김상년이 문틈으로 내다보니 경찰관이 쓰리쿼터 차에서 내려 마당 안으로 들어서며 부모님에게 인사를 했습니다. 군인들도 몇 명 함께 있었습니다. 김상년은 얼른 옷장 안으로 숨었습니다.

'김상년 선생 어디 있습니까?' 하는 경찰관 목소리에 김상년은 가슴이 쿵쾅거렸습니다. 부모님이 없다고 대답했습니다. 경찰관은 '아, 나는 김상년 선생하고 같이 외도학교에 있었는데, 친한 사람이어서 도우러 왔습니다.'라고 했지만, 부모님은 계속 없다고 했습니다.

옷장 안에서 김상년은 식은땀을 흘리고 있었습니다. 경찰관은 또 '김선생이 산에서 잡혀서 죽을 뻔했다는 얘기 듣고 도와주려고 왔으니까 제발 내놓으세요.' 했습니다.

김상년이 가만히 듣고 보니 귀에 익은 목소리였습니다. 외도국민학교에 교원으로 같이 있으면서 친하게 지냈었고, 그곳 청년특별양성소 지도원이던 사람이었습니다. 해안동 어귀에서 김상년 목에 칼을 대며 위협했던 청년이 바로 이 사람한테 훈련받았었습니다. 그가 경찰관이 되어 있었던 겁니다.

"조천 사람인데, 이름은 김태배. 이 사람은 어머니 아버지 할 것 없이 전 가족이 산사람한테 몰살당했어요. 그러니까 좌익이라면 아주 미워하는 사람인데, 경찰관이 돼서 막 토벌 다니고 그럴 때였어요. 나는 본래 자기하고 친했고 상대해보니까 그런 사람이 아닌데 세상이 왜 이러나 그런 마음도 있었겠죠. 그래서 나를 도와주려고 쓰리쿼터 차, 토벌대 차이지요, 그 차를 몰고 온 거예요."

　김상년은 그 차를 타고 읍내로 갔고, 다시 읍사무소에 다닐 수 있었습니다. 얼마 뒤 아내가 아기를 데리고 용담동 집으로 왔습니다. 그들을 만나러 해안동에 갔다가 하마터면 죽을 뻔했던지라 그렇게 반가울 수가 없었습니다. 그런데 아이와 아내에게 더 각별해진 그 애틋한 마음을 미처 풀어보기도 전에 경찰서에 잡혀 들어가 느닷없는 이별을 당해야 했던 것입니다.

## 남편을 찾으러 나섰다가

　1948년, 스물네 살 송○○는 두 딸의 엄마였습니다. 공무원이었던 남편이 남원면사무소 근무하고 있었을 때라 남원리에 살고 있었습니다. 그해 10월의 어느 날, 의귀리로 출장 간다며 나간 남편이 며칠째 돌아오지 않았습니다. 송○○는 의귀리에 시집이 있기도 해서 세 살짜리 작은아이를 업고 네 살짜리 큰아이 손을 잡아 길을 나섰습니다.

　"의귀리로 올라가는데 서북청년이 총 메고 가다가, 냇가에서 빨래하는 사람도 죽여 버리고 길에서도 죽여 버리고 무조건 죽여 버리더라고. 나한테도 총을 들이대면서 너 어디 가냐…. 면사무소에 다니는 신랑이 의귀리로 출장 갔는데 안 와서 소식 알려고 시집으로 간다고 했더니 안 쏘대요. 그래서 의귀리 시집으로 갔어요."

그러나 남편은 시집에 들르지 않았다고 했습니다. 소식이라도 들을 수 있을까 싶어 며칠 묵고 있었는데, 별안간에 서북청년들이 싹 없어져가더니 몇 부대의 군인들이 왔다는 이야기가 돌았습니다.

어느 날 밤 마을사람이 남원지서에 붙들려갔다가 풀려나와서 "남원지서 순경한테 들었는데, 내일 아침 열 시만 되면 의귀리 수망리 한남리는 불바다가 된다더라."고 전했습니다.

송○○는 한남리에 있는 친정집이 걱정도 되고, 그곳에 남편이 혹시 들렀는가 싶기도 해서 한남리로 갔습니다. 그러나 친정집에서도 남편 소식을 들을 수 없었습니다.

"친정어머니가 난감한 소리를 해요. '아이고, 애야. 어떡하면 좋으냐. 내일 불바다가 된단다. 우리는 산에 가서 숨어도 겨울이니 먹을 거 없어서 굶어죽지. 산에 가도 죽고 여기 있어도 죽고 우린 다 죽을 거.' 그러는 거라…."

송○○는 친정어머니와 서로 손을 붙들고 한참 울다가 그날 저녁 다시 의귀리 시집으로 갔습니다.

"시어머니도 내 손 붙들고 울면서 난감한 소리를 하는 거라. '애비도 어딜 갔는지 나타나지 않고 어떻게 하나. 너랑 나랑 아이 하나씩 데리고 따로 숨어있자. 내가 그릇 같은 거 땅 속에 묻어놨으니까 만약 네가 살면 그걸 파서 쓰고 살아라.'"

다음 날 새벽에 시어머니는 큰아이를 데리고 피신하고, 송○○는 둘째를 업고 마을에서 좀 떨어진 하천으로 가서 동굴이 되다만 바위그늘인 '궤' 아래 숨었습니다.

"거기 있다가 보니까 마을 하늘과 땅이 새까맣게 붙었어. 그 시간에 군인들이 의귀리 수망리 한남리 세 마을에 싹 불을 질러버린 거야. 그때 우리 고향 한남리 할아버지들은 '방 안에 앉아서 멍석을 엮고 있으면 안 쏘아죽이겠지' 하고 멍석을 엮고 있었다고 해. 그래도 바깥으로 문 탁탁 닫아서 불 질러버리니까 할아버지 할머니들 다 타 죽었어. 남자들 젊은 사람들은 가시덤불에 쑤셔 박아놓고서 불을 질렀어요. 그래놓고는 살려고 이리 튀어나오면 총 끝에 묶은 칼로 콱 쑤시고 저리 튀어나오면 또 콱 쑤시고. 처녀들 발가벗겨서 손 묶어가지고…. 그렇게 해서 죽였대요."

송○○는 시꺼멓게 붙은 마을을 바라보며 숨을 죽였습니다. 너무 겁이 나서 추운 것도 배고픈 것도 몰랐습니다. 이상한 소리가 귓속에 울려댔고, 사지가 벌벌 떨렸습니다. 그러다 아이 울음소리에 정신이 번쩍 들었습니다. 등에 아이를 업고 있었다는 것도 잊은 채 그냥 덜덜 떨고만 있었던 것입니다.

불타던 마을은 연기가 좀 잦아들었고 어느 새 저녁 무렵이 돼 있었습니다. 어두워지자 마을로 내려갔습니다. 집들은 다 타버리고 재만 남아 있었습니다.

"조를 수확해서 눌을 쌓아두었던 때거든? 그것에도 다 불을 질러놓으니까 엉겨 붙어서 그게 사흘 동안 타더라고. 친정집에도 가보았어. 친정에 벌을 많이 기르니까 큰 항에 꿀을 따서 광에다 놔뒀는데, 집이 타니까 꿀이 덩어리가 져서 불이 왈랑왈랑, 그건 열흘 동안이나 타더라고…."

시어머니를 만날 수 있을까 싶어 어두워지면 마을로 내려와 불타버린 집 옆에 앉아 있다가 새벽이 되면 산 쪽으로 올라가 숨어 지냈습니다. 밝아있는 동안에는 산에서 꼼짝도 할 수가 없었습니다. 총을 쏘는 것인지 수류탄을 던지는 것인지, 마을 쪽에서 무언가 터지는 소리가 쾅쾅 팡팡 계속 울려왔기 때문입니다.

"그렇게 숨어 다니다가 숨을 데 없어서 토평동 예촌이라는 데, 시고모 집엘 갔어요. 갔더니 시어머니가 큰아이 데리고 거기 있는 거야. 날 붙들고 얼마나 울어. 죽은 줄 알았는데 살았구나, 그러면서."

그곳에서 며칠이나 숨어 지냈을까, 하루는 시고모부가 조심스럽게 말했습니다.

"여기도 낼 모레 위미리로 다 몰아낸다고 합니다. 거기 따라가면 어찌될지 모르니 따로 숨어있을 만한 굴에 데려다 드리겠습니다."

큰아이는 시어머니가 업고 작은아이는 송○○가 업고 시고모부를 따라 마을에서 좀 떨어진 산 쪽으로 올라가니 하천 옆에 큰 굴이 있었습니다. 굴 안에는 동네사람들이 잔뜩 있었는데, 대부분 여자들과 어린 아이들이었습니다.

다음 날 아침이 되자 총소리가 와드득와드득 울렸습니다. 굴 안에 있던 사람들이 사방으로 뛰었습니다. 송○○도 아이를 업고 막 뛰어서 하천가 언덕 아래 숨었습니다. 엎드려 귀를 막았지만 총소리, 살려달라는 소리, 아이들 우는 소리가 범벅이 되어 달려들었습니다. 그 소리들을 뚫고 "네 이년, 이리 나와!" 하는 남자 목소리가 귀를 때렸습니다. 고개를 들자 칼을 꽂은 총부리가 눈앞으로 확 다가들었습니다. 송○○는 그렇게 잡혔습니다.

"난 아무 죄도 없으니 좀 살려달라고 하니까, 신랑을 내놓으라는 거라. 이 빨갱이 지집년 너 신랑 내놓으래. 애기아빠 면사무소에 다니고 이름난 사람이니까, 남원면 사람들은 다 알거든. 그 사람 이름이 ○○이인데, 날 보고 ○○이 지집년이래. 나를 알아본 사람은 경찰이지요. 군인들은 외지사람들이니 누가누군지 아나. 경찰들은 얼굴 뻔히 다 알거든."

숨어있던 사람들을 잡으러 온 이들은 군인과 경찰 그리고 왕대 끝을 깎아 만든 창을 든 남자들이었습니다.

"경찰들이 젊은 여자들 옷을 총에 꼽힌 칼로 팍팍 쑤시면서 다 찢어발겨 버리더라고. 그때 나랑 동갑 여자 하나가 세 살짜리 아들을 업고 있었는데, 그 여자 다리를 왕대로 만든 창으로 찔러버리니까 터져가지고 피가 그냥 콸콸…. 경찰도 아니고 보통사람이…. 그렇게 악질로 놀더라고. 그때 왕대를 창으로 만들어서 보통사람들은 그걸 가지고 다니면서 무조건 찔렀어. 그 여자, '나는 죽어도 되니까 우리 아기만 살려달라'고, 그 소리가 지금도 귀에 생생해. 그러니까 경찰 하나가 '이년 서귀포까지는 끌고 가야되는데 못 가겠네' 하면서 총에 꼽힌 칼로 여자 입은 바지를 콱 찔러서 쫙쫙 찢어내 그걸로 묶더니 군인들에게 손짓을 하더라고. 그리고 옆으로 끌고 가더니 훅 던져서 총으로 쏴버리는 거야. 총소리가 멀리서는 팡팡 하더니, 옆에서는 팩팩 하더라고. 그렇게 그냥 총으로 쏴 죽여 버리지, 창으로 찔러 죽여 버리지 그러니까 그때 나도 거기서 죽겠구나 생각했었어. 죽일 때는 저 놈의 총으로 한 번 싹 쏘아죽였으면…. 창으로 찔러놓으면 고통스럽다 죽으니까, 총 맞고 죽는 사람이 부럽더라고. 얼른 죽어버리니, 그게 부럽더라니까."

몹시 추운 날이었지만 추운 줄 몰랐습니다. 옷을 다 찢어발겨버려 수치심과 모멸감이 더 컸기 때문입니다. 그러다 수치스러운 것도 잊어버렸습니다. 창에 찔려 죽고, 총에 맞아 죽는 광경이 눈앞에서 벌어지니 공포심이 더 컸기 때문입니다.

시어머니가 울면서 당신 속바지를 하나 벗어 송○○에게 입혀주었습니다. 그거 하나만 입고, 신발도 다 찢어발겨버리니까 맨발에, 아이를 업고 토평초등학교 운동장으로 끌려갔습니다.

"토평사람들 다 나오라고 해서 '이 빨갱이년들 구경하라' 그러더라고. 그때 토평여자들은 '이 개 같은 년들 죽여라, 죽여라!' 이렇게 하는 거야. 그런 다음 또 끌고 가다가 경찰들이 '이것들 어떻게 으스대겨버리고 가야지' 하더니, 나이 든 여자들은 떼어놓고 젊은 여자들만 한 열 명쯤 담 옆에다 몰아다 놓고 쭉 세우는 거라."

이제 정말 죽는가보다, 송○○는 눈을 질끈 감았습니다. 그때 "엄마!" 하는 소리가 들렸습니다.

"열 살 난 남자아이인데, 좀 모자란 듯해요. 가난한 집 아이여서 시고모가 데려다가 아기도 보게 하고 같이 살았었는데, 숨으러 다니면서도 불쌍해서 데리고 다녔어요. 우리를 쏘아 죽이려고 쭉 세워놓으니까, 그 아이가 무서워서 '엄마!' 하면서 튀어나온 거야."

아이 목소리에 눈을 뜬 송○○의 눈앞에 믿을 수 없는 광경이 펼쳐졌습니다.

"그 아이를 총으로 그냥 팍팍 쏘아버리더라고…."

그리고 그 총부리가 송○○와 함께 나란히 서있는 여자들 쪽을 향했습니다.

"그때, 머리 수그리고 앉아있던 군인대장이 일어나더니, 경찰한테 손짓으로 우리를 못 쏘게 하더라고."

서귀포까지 가는 내내 죽이지 못해 억울해하는 경찰들 모습이 송○○는 지금도 눈에 선하다고 합니다.

"경찰들, 제주사람들인데 그러더라고. '이것들 그냥 쏘아죽여 버리면 될 걸 가지고 뭣하러 서귀포까지 끌고 가냐'라면서 경찰들은 막 죽이려하고 군인들은 하지 말라고 하고. 경찰들 옆으로 가면 창으로라도 찔러 죽여 버릴까봐 군인 옆으로 갔다니까요. '우리 아기는 살려달라'고 애원하다가 죽은 그 여자네 신랑도 죽여 버리고, 그 세 살짜리 아기는 군인들이 안고 가다가 서귀포 시내로 들어서니까 길에다 툭 놔버리더라고요. 그 아기는 살았을 거라."

## 산속으로 숨어 다니다가

1948년, 스물두 살 박춘옥은 두 살 된 아이의 엄마였습니다. 11월이 끝나가던 어느 날, 아이를 업고, 친정어머니와 열두 살, 열여섯 살 된 두 동생과 함께 표선면 가시리 야산으로 올라갔습니다.

"선거 날 산에서 온 사람들이 교장선생님이었던 우리 외삼촌도 죽여 버리고 이장도 죽여 버렸어요. 이장이 죽으니까 이사무소 서기가 임시이장을 맡고 있었는데 그 사람이 그랬어요. 아래로 가면 죽이니까 위로 올라가라고. 그래서 산 쪽으로 올라갔지요."

박춘옥은 시집과 친정집이 모두 가시리에 있었기 때문에, 두 집을 왔다 갔다하면서 지내고 있었습니다.

"친정집에 있을 때 4·3사건이 일어났습니다. 그 뒤로 부서워서 계속 친정집에서 지내고 있었지요. 밤이면 산사람들이 와서 자꾸 뭘 내놓으래요.

외삼촌처럼 죽여 버릴까봐 무서워서 내 준 것이 쌀 한 되, 간장 사이다병으로 하나, 돈 5원이었습니다. 친정아버지는 밭에, 소가 밭에 거 다 먹어 버릴까봐 둘러보러 갔는데 토벌대가 죽여 버렸다고 해요. 4·3사건 일어나고 선거 지나 얼마 안 될 때인데, 그렇게 위험하지도 않을 때인데 그래버리니 위쪽 사람도 무섭고 아래 쪽 사람도 무섭고, 뭐 어떻게 꼼짝할 수가 없어. 남편은 마을 불붙이던 날 한 방에 있다가 급하게 피했는데, 그 뒤로 만나지 못했습니다. 어떻게 됐는지 몰라요."

마을이 불붙었던 그날은 11월 15일이었습니다. 그날 새벽에는 총소리가 요란했습니다. 군인들이 마을로 들어와 닥치는 대로 총을 쐈기 때문입니다. 총소리가 나자 마을 사람들은 급히 몸을 피했습니다. 미처 피하지 못한 30여 명의 사람들은 총에 맞아 죽었는데, 대부분 노인과 어린이들이었습니다. 한바탕 총격을 가한 군인들은 마을에 불을 지르고 돌아갔습니다.

그 와중에 살아남은 주민들은 어찌할 바를 몰랐습니다. 노인들과 어린애들까지 무차별로 죽임을 당했으니 이래도 죽고 저래도 죽을 것 같아, 산으로 오르지도 못하고, 해변으로 내려가지도 못한 채 마을에 머물며 공포에 떨었습니다.

일주일쯤 뒤에 '해변마을 표선리로 소개하라'는 말이 전해졌습니다. 이때부터 주민들은 뿔뿔이 흩어졌습니다. 박춘옥은 '아래로 가면 죽이니까 위로 올라가라'는 임시이장의 말을 듣고 산 쪽으로 올라갔던 것이지요.

야산에서 숨어 다니며 무얼 먹었는지, 잠은 어떻게 잤는지 기억에 없습니다. 들고 나온 것은 담요 한 장이라 그것을 아기에게 씌워서 안고 끊임없이 들리던 총소리에 벌벌 떨면서 콩밭으로 소나무밭으로 기다시피 엎드려 숨어 다녔던 일만 생각날 뿐입니다.

그렇게 숨어 다니다 군인에게 잡혀갔습니다. 몇 날을 헤맸는지 몰랐는데, 나중에 보니 잡혀간 날이 12월 11일이었다고 합니다.

## 교복을 입은 채

1948년, 스무 살 부원휴는 농업학교 학생이었습니다. 그해 12월 4일, 화북동 거로마을에 있는 자신의 집에서 교복을 입은 채 책을 읽고 있었습니다. 오후 서너 시 쯤 군인 두 명이 집안으로 들어서더니 부원휴를 보자 끌고 나가려고 했습니다. 그보다 어머니가 더 놀라 펄쩍 뛰었습니다.

"우리 작은 형 때문이에요. 10월 31일 날, 작은 형은 아파서 집에 누워 있었고, 나도 있었는데, 그때도 군인 두 명이 와서 작은 형을 끌고 나갔거든. 어머니가 아픈 사람을 왜 데려가느냐 해도 막무가내였어요. 나까지 데려가려는 걸, '한 사람 데려가면 됐지, 뭘 안다고 어린 철부지까지 데려가려느냐'고 막 야단해서 형만 데리고 갔었거든요."

그렇게 끌려 나가고 3일 뒤에 작은 형이 어느 밭가에 죽어있더라고 누군가 알려줬습니다. 어머니와 가보니 작은 형과 마을 남자들 다섯 명이 굴비 엮이듯 묶여 총에 맞은 채 죽어있었습니다. 장례를 치르고 한 달밖에 안 지났는데, 작은 형을 끌고 나갈 때와 같은 상황이 또 벌어진 것입니다. 어머니가 군인들에게 왜 끌고 가려느냐고 따지자 물어볼 게 있다고 했습니다. 대문 밖으로 나가니 골목에 군용 트럭인 쓰리쿼터 차가 있었습니다. 부원휴처럼 집에 있다가 끌려나온 마을 젊은이들 몇몇과 함께 차 뒤 칸에 실려 가면서도 부원휴는 죄 지은 게 없으니 금방 풀려날 거라 생각했습니다.

"4·3사건이 일어나고도 학교에 다녔어요. 그런데 학교 갈 때나 올 때나 고으니마을 옛날 오일장하던데, 거기쯤에서 자꾸 형사 검문을 당해요. 그럴 때마다 '어디 갔다 오나, 신분증 내놓으라' 하니까, 할 수 없이 학교에서 통행증명서를 발급받았어요. 그때가 농업학교 4학년 때입니다. 당시는 학제가 9월 달 학제였어요. 졸업은 7월 22일 날 수료합니다. 8월은 방학이고 9월부터 신학기가 시작되거든요. 9월 이후에 또 학교를 다녔어요. 5학년이 된 거죠? 1948년 10월 28일인가 발행된 신분증은 지금도 가지고 있어요. 그때 잡혀갈 거 걱정했으면 집에 안 있지요. 난 학생이고 양심에 가책된 게 없으니까 집에 있었던 것이지요. 그러다 12월 초에 집집마다 방문하던 군인들에게 교복을 입은 채로 연행당한 겁니다."

## 민보단 일을 하다가

1948년, 스물한 살 김두황은 난산리에서 농사를 짓고 있었습니다. 그해 가을, 조를 베느라 한창 바쁠 무렵이었습니다. 마을사람 일곱 명이 경찰에게 끌려가 총살당하는 사건이 일어나 마을이 뒤숭숭했습니다.

"아무 이유 없이 무조건 잡아다가 총살해버린 겁니다. 10월경인데, 서북

청년단원들이 매일같이 돌아다닐 때였어요. 그 일이 있고 난 뒤 '잡혀가면 무조건 죽는다'고 마을사람들이 모두 공포에 떨었지요."

그러던 차에 소개령이 내려졌습니다. 그러나 난산리는 소개하지 않고 마을사람들이 힘을 모아 성담을 쌓았습니다. 당시 마을 책임자가 함덕에 있는 대대본부까지 찾아가 '성을 쌓고 보초를 잘 설 테니 소개시키지 말아달라'고 사정했다고 합니다.

"소개당하면 마을사람들이 얼마나 살아남을 수 있을지도 의문이고, 나중에 마을을 다시 일으키기가 힘들 것 같아서 그랬다고 해요. 마을 민보단이 조직되고, 내가 서무 일을 맡았어요. 의용대도 1개 소대가 생겼습니다."

그 무렵 김두황은 결혼도 했습니다.

"음력 9월에 결혼하고 두 달이 지나나마나 했을 때였어요. 성읍 민보단 본부에 있었는데 경찰이 와서 포승을 채우는 거라. 그 경찰, 이북사람인데 난산리에 살던 사람이라. 나랑 같이 본부에 있던 사람들이 그러지 말라고 하는데도 끌고 가더라고…. 그때가 12월 달이었습니다."

김두황은 지은 죄가 없었지만 '잡혀가면 죽는다'는 게 당시 분위기였기 때문에 '나는 이제 죽었구나' 생각했다고 합니다.

그가 잡혀가기 전날 이미 잡혀간 사람들이 있었습니다.

"당시 난산국민학교에서 급사로 일했던 이가 있었는데, 조금 모자란 사람이라. 집에 가만히 있을 것이지, 어쩌려고 온평리까지 갔던 것인지…. 삭정이 뜯으러 어슬렁거리다가 온평리 의용대에게 잡혀간 거라. 취조 받으면서 무조건 생각나는 대로 이름을 얘기했던 모양입니다. 그러다보니 우리마을 의용대장 잡혀가고 의용대원 여섯 명인가 잡혀가고, 뒷날은 나 잡혀가고 그런 거예요. 그 사람이 밋밋 말하는 대로…."

## 귀순했는데…

1948년, 열아홉 살 김경인은 아라동 월평마을에서 아버지 농사일도 돕고 집안일을 하며 살고 있었습니다.

"그해 4월에 4·3사건이 일어났지요? 그때 나는 그게 뭔지 몰랐어요. 동네사람들이 밤에 나와서 시위인가 뭔가 한다면서 '김일성 장군, 김일성 장군' 하면서 뱅뱅 가름돌아도 그런가 보다…, 뭐가 뭔지 잘 모르니까. 나중에 생각해보니까, 아래에서 오면, 우리 오빠가 광주 가서 경찰 할 때니까 그 편지 보여줘서 살 수 있었고, 위에서 와서 쌀 주라면 쌀 주고, 장 주라면 장 주고, 그렇게 해서 살 수 있었던 거 같아. 그 오빠 지금도 살아있어요. 85세."

그해 10월 소개령이 내려지자 김경인의 가족은 둘로 갈렸습니다. 동생들은 할머니가 데리고 화북마을로 가고, 김경인은 너무 커서 죽여 버린다는 소리를 들었기 때문에 아버지를 따라 동네사람들과 함께 산으로 올라갔습니다.

"아래로 못 간 마을사람은 다 올라갔는데, 어디인지 모르지만 한라산 쪽으로 좀 많이 올라갔어. 두 사람은 산에서 총 맞아 죽었어요. 올라간 사람이 몇 명이었는지는 잘 몰라요. 여러 군데로 갈라져서 숨어있었지요."

산에서 움막을 짓고 살다가 너무 춥고 배가 고파 마을로 내려갔습니다. 마을은 이미 다 불타버려 아무 것도 없었습니다. 그래도 살았던 곳이라 움막을 지었지만 살얼음 위에 선 듯 위태롭고 불안한 날들이 계속되었습니다.

"아이고, 그때 생각하면 막 눈물 나. 밀쭈시, 밀가루 빻아난 껍질로 범벅 같은 거 만들어서 먹고. 또 메밀 간 거 채 치지 못하고 껍질째 먹으면 내려가질 않아. 그걸로 아침에는 주먹보다 작은 덩어리 만들어서 싸가지고 산으로 가서 숨어 있다가 어두우면 다시 움막으로 들어오고. 겨울이라 눈이 이만큼 쌓였는데, 산에 갔다가 밤에는 마을로 내려왔다가…, 나중엔 아예 산에서 살았지요. 갈적삼에 몸빼 입고 있었는데, 이가 바글바글해. 불살라서 옷을 털면 이가 막 떨어져. 어이구~ 그렇게 산에서 숨어살다가 다음 해 4월에 귀순해서 내려왔어요. 흰색 천 꼽은 막대기 들고 아버지랑 동네사람들이랑 해서 한 20명이 동광양으로 내려오니까 헌병들이 서문통 창고 같은 데로 데려다 가둬놉디다."

1948년, 스물일곱 살 김영주는 선흘리에서 농사지으며 소와 말을 기르고 있었습니다. 그해 11월 어느 날 늦은 밤, 군인들이 마을에 와서 불이 켜진 집을 덮쳐 마을사람 다섯 명을 총살해 버렸습니다. 그 뒤 마을사람들은 모두 숨어있었습니다. 며칠 뒤 군인들이 텅 빈 마을에 불을 지르고 돌아갔고, 숨어있는 마을사람들에게 소개령이 전해졌습니다. 김영주도 소개하라는 이야기를 들었지만 아래로 내려갈 수가 없었습니다.

"거문오름 앞에 우리 땅이 있었습니다. 거기서 소랑 말을 놓아기르는 목장을 하고 있었는데, 합쳐서 한 80마리쯤 있었어요. 내가 그 마소를 관리해야 되니까 떠날 수가 없었던 거라. 그것들 돌보면서 목장에 있다 보니 그냥 산사람이 돼버린 것이지요. 목장에서 겨울을 보냈는데, 대구인가 대전에서인가 온 군인들이 우리 목장에서 공연히 소고 말이고 총으로 쏴서 잡아먹어버리고 그러더라고. 봄 나니까 토벌하러 다니는 사람들이 와서 함덕으로 가면 집으로 보내준다고 해요. 그 말 듣고 내려갔지요. 나는 잡힌 게 아니고 내 발로 걸어서 간 거요."

김영주는 혼자 함덕으로 갔습니다. 이른 바 귀순을 한 셈이지요. 함덕으로 갔더니 사람들이 많이 있었습니다. 군인과 경찰들이 젊은 사람들만 골라 트럭에 실었습니다. 김영주도 70~80명쯤과 함께 트럭에 올랐습니다. 트럭은 제주시로 향했습니다.

"귀순한 거니까 보내줄 줄 알았는데, 바로 잡아다 주정공장에 가둬놓잖아."

## 그들은 잡혀갔습니다

 김상년 송○○ 박춘옥 부원휴 김두황 김경인 김영주, 이들 일곱 사람은 저마다 사는 곳도, 하던 일도, 잡힐 때의 상황도 다르지만, 모두 경찰과 군인에게 잡혀갔습니다. 이들 일곱 사람뿐만 아니라 수천 명의 사람들이 그렇게 억지로 붙들려갔습니다. 1948년 전후 무렵, 제주도 전역에서 일어났던 일입니다. 그 중심에 '4·3사건'이 있습니다.
 〈4·3특별법〉은 제2조 1항에서 제주4·3사건을 이렇게 정의합니다.

 제주4·3사건이란 1947년 3월 1일을 기점으로 1948년 4월 3일 발생한 소요사태 및 1954년 9월 21일까지 제주도에서 발생한 무력충돌과 그 진압과정에서 주민들이 희생당한 사건을 말한다.

 4·3사건의 기점이 된 1947년 3월 1일은 제28주년 3·1절이었습니다. 그날 제주북국민학교 운동장에서는 3·1절 기념행사가 열렸습니다. 수많은 도민들이 모여들었고, 기념식이 끝나 사람들이 돌아가는 와중에 이른바 '3·1절 발포사건'이 발생합니다.
 농업학교 학생이었던 부원휴는 그날 그 사건이 났던 현장 주변에 있었습니다.

 "그때는 시청이 관덕정 옆에 있었는데, 그 건너편 '삼도리 900번지'에서 우리 큰형님이 도자기점을 했었습니다. 나는 3·1절 기념행사에 참가하지는 않고, 큰형님 상점에 있었어요. 사람들이 동으로도 오고 서로도 오고 막 모여들었어요. 점심시간 지나고 조금 있으니까 총소리가 팡팡 나더라고요. 나중에 보니까 사람이 죽었다…, 기마대가 왔다갔다하고."

부원휴가 들은 총소리는 경찰이 발포한 것이었습니다. 그날의 상황을 《제주4·3사건 진상조사 보고서》는 이렇게 기록하고 있습니다.

> 1947년 3월 1일 오전 11시 '제28주년 3·1절 기념 제주도대회'가 열리던 제주북국민학교 주변에는 사람들로 인산인해를 이뤘다. 이날의 군중 수는 대략 2만 5천~3만 명으로 추산됐다. 이날 10개 면에서도 별도의 기념식이 열렸는데 각 지방마다 수천 명씩 모였다. 경찰은 원래의 제주경찰 330명과 응원경찰 100명 등 430명으로 보강하고 이 가운데 150명을 제주 읍내에 배치, 시골에서 올라오는 군중을 막아보려 했지만, 역부족이었다. 행사장 주변에는 제주읍뿐만 아니라 애월면·조천면 등 주변 주민들이 모여들었으며, 학생들도 대거 참여했다. (중략)
>
> 이날 오후 2시께 기념행사가 끝난 후 군정당국의 반대에도 불구하고 허가받지 않은 가두시위가 시작되었다. 제주북국민학교를 나온 시위행렬은 두 갈래로 나뉘어 한 대열은 미군정청과 경찰서가 있는 관덕정 광장을 거쳐 서문통으로, 다른 한 대열은 감찰청이 있는 북신작로를 거쳐 동문통으로 이어졌다. 제주 읍내를 중심으로 서쪽 지역 주민은 서쪽 대열에, 동쪽 지역 주민들은 동쪽 대열에 합류하여 마을로 돌아가면서 시가행진을 하며 위세를 부린 것이었다.
>
> (중략)
>
> 사건은 한 기마경관이 관덕정 옆에 자리 잡았던 제1구 경찰서로 가기 위

해 커브를 도는 순간 갑자기 튀어나온 6세 가량의 어린이가 말굽에 채이면서 시작됐다. 기마경관이 어린이가 채인 사실을 몰랐던지 그대로 가려고 하자 주변에 있던 관람군중들이 야유를 하며 몰려들기 시작했다. 일부 군중들은 "저 놈 잡아라!"고 소리치며 돌멩이를 던지며 쫓아갔다. 당황한 기마경관은 군중들에 쫓기며 동료들이 있던 경찰서 쪽으로 말을 몰았고, 그 순간 총성이 울렸다.

당시 관덕정 앞에는 육지에서 내려온 응원경찰이 무장을 한 채 경계를 서고 있었는데, 기마경관을 쫓아 군중들이 몰려오자 경찰서를 습격하는 것으로 잘못 알고 일제히 발포한 것이다. 이 발포로 민간인 6명이 숨지고, 6명이 중상을 입었다. (중략)

이 날의 발포는 위협 수준을 벗어난 것이었다. 희생자 가운데 광장 복판에 쓰러진 사람은 거의 없었다. 대부분의 희생자는 경찰서와 상당히 떨어진 식산은행 앞 노상이나, 도립병원으로 가는 골목 모퉁이에 쓰러져 있었다. (중략) 여러 정황을 볼 때, 공포만 쏘아도 군중들이 흩어질 상황이었다.

이날 도립병원 앞에서 두 번째 발포사건이 발생합니다. 당시 도립병원에는 그 전날 교통사고를 당한 한 응원경찰관이 입원해 있었는데, 동료 두 명이 경호 차 병원에 있었습니다. 그런데 갑자기 관덕정 쪽에서 총소리가 나고, 피투성이가 된 부상자들이 병원으로 업혀 들어오자 공포감을 느낀 응원경찰관 중 한 명이 소총을 난사하는 바람에 행인 두 명이 중상을 입게 된 겁니다. 그렇게 해서 이날 여섯 명이 사망하고 여덟 명이 중상을 입었는데, 희생자 대부분이 구경하던 일반주민이었습니다.

3·1절 발포사건은 가뜩이나 어지럽던 민심을 더욱 악화시켰고, 한국에서

는 유례가 없었던 민·관 총파업으로 이어집니다. 이후 4·3이 발발한 1948년 4월 3일을 거쳐 대대적인 토벌로 이어진 1949년 5월까지의 상황을 《제주4·3사건 진상조사 보고서》에서 간추려보겠습니다.

총파업은 3월 10일부터 시작됐습니다. 관공서뿐만 아니라 통신기관, 운송업체, 공장근로자, 각급학교, 심지어는 미군정청 통역단 등 공무원과 회사원, 노동자, 교사, 학생까지 참여하는 대규모 파업이었습니다.

관공서, 민간기업 등 제주도 전체의 직장 95% 이상이 참여한 이 '3·10 총파업'은 경찰발포와 그 대응에 항의하는 성격을 지니고 있었습니다. 그리고 남로당 제주위원회가 배후에서 조직적으로 지원하고 있었습니다.

사태를 중히 여긴 미군정은 조사단을 제주에 파견했고, 이 총파업이 경찰발포에 대한 도민의 반감과 이를 증폭시킨 남로당의 선동에 있다고 분석했습니다. 그러나 사후처리는 '경찰의 발포'보다는 '남로당의 선동'에 비중을 두고 강공정책을 추진했습니다. 도지사를 비롯한 군정 수뇌부들이 전원 외지사람들로 교체됐고, 응원경찰과 서청단원 등이 대거 제주로 들어와 파업 주모자에 대한 검거작전을 전개했습니다. 검속 한 달 만에 500여 명이 체포됐습니다.

외도초등학교 교원이었던 김상년 역시 이 파업에 참여했다가 주동자로 지목 받아 검속되었고 재판으로 형량을 받은 뒤 교원직을 파면 당했습니다.

파업 주모자 검거작전으로 '4·3' 발발 직전까지 1년 동안 2,500여 명이 구금됐습니다. 테러와 고문이 잇따랐고, 제주사회는 금방 폭발할 것 같은 위기상황으로 변해갔습니다.

남로당 제주도당은 1947년부터 대규모 세력 확장을 시도하면서도 당원들을 비밀리에 관리했습니다. 당시 미군정이나 경찰 측에서는 남로당 제주도 조직이 막강하다는 사실을 감지하면서도 계보나 당원범위 등 구체적인 사항은 파악하지 못하고 있었습니다. 이처럼 베일에 가려있던 남로당 제주도당은 1948년 3월 무렵 조직체계가 노출되는 위기상황을 맞게 됩니다. 수세에 몰린 남로당 제주도당 신진세력들은 군정당국에 등 돌린 민심을 이용해 '조직의 수호와 방어 수단', '당면한 단선·단정 반대'의 두 가지 목적을 가지고 무장투쟁을 결정합니다.

1948년 4월 3일 새벽 2시, 무장봉기가 시작됐습니다. 이날 350명의 무장대가 12개 지서를 공격하고 우익단체 요인의 집을 습격합니다. 이들 무장대는 '경찰·서청의 탄압 중지'와 '단선·단정 반대', '통일정부 수립 촉구' 등을 슬로건으로 내걸었습니다.

미군정은 초기에 이를 '치안상황'으로 간주해서 경찰력과 서청의 증파를 통해 사태를 막고자 했습니다. 그러나 수습되지 않았고 경비대에 진압작전 출동명령을 내립니다.

4월 28일, 경비대 9연대장은 무장대 총책과의 협상을 통해 사태를 평화적으로 해결하기로 합의합니다. 그러나 이 평화협상은 5월 1일 우익청년단체에 의한 이른바 '오라리 방화사건' 등으로 깨져버리고 맙니다.

미군정은 경비대 9연대장 교체 등을 통해 5·10 선거를 성공적으로 추진하려고 노력했습니다. 그러나 제주도는 62.8%로 전국에서 가장 낮은 투표율을 기록했을 뿐만 아니라, 북제주군 갑·을 2개 선거구는 과반수 미달로 선거가 무효처리 되고 맙니다. 이에 미군정은 제주사태가 더욱 악화되는 것으로 판단하고 강도 높은 진압작전을 전개합니다. 그리고 재선거를 실시하려했지만 실패합니다.

그 이후 제주사태는 소강국면을 맞습니다. 무장대는 지도부의 해주대회 참가 등으로 조직 재편의 과정을 겪었고, 군경토벌대는 정부 수립과정을 거치면서 느슨한 진압작전을 전개했기 때문입니다.

그러나 소강상태는 잠시뿐이었습니다. 남쪽에 대한민국이 수립되고, 북쪽에 또 다른 정권이 세워짐에 따라 제주사태는 지역문제를 뛰어넘어 정권의 정통성에 대한 도전으로 인식되기에 이릅니다.

이승만 정부는 10월 11일 제주도경비사령부를 설치하고 군 병력을 증파시킵니다.

10월 17일, 9연대장은 '해안선으로부터 5km 이상 들어간 중산간 지대를 통행하는 자는 폭도배로 간주해 총살하겠다'는 포고문을 발표합니다. 이때부터 전개된 대대적인 강경진압작전은 계엄령이 선포된 11월 17일 이후 극에 달하게 됩니다. 그동안에도 분별없는 총살이 곳곳에서 벌어지긴 했지만, 그 강도와 희생 규모 면에서 그리고 전 지역에 걸쳐 동시에 벌어졌다는 점에서 '11월 중순 이후'는 이전 기간과 뚜렷한 차이가 있습니다.

12월 29일, 진압부대가 9연대에서 2연대로 교체되고, 12월 31일 계엄령이 해제됐지만 강경진압은 계속됐습니다. 무장대의 습격도 이어지면서 주민들은 토벌대도 무섭고 무장대도 무서운 이중 공포 속에서 우왕좌왕해야 했습니다.

1948년 11월부터 1949년 2월까지 4개월 동안 중산간 마을의 95%가 불에 타 사라지고, 남녀노소 가리지 않은 많은 인명이 희생당하는 등 제주도는 그야말로 초토화가 됐습니다. 4·3희생자 대부분이 이때 희생됐습니다.

이 시기에 김영주가 살았던 조천읍 선흘리, 송○○가 살았던 남원면의 의귀·한남·수망리, 박춘옥이 살았던 표선면의 가시리, 김경인이 살았던 아라동 월평마을도 불에 탔습니다. 송○○, 박춘옥이 잡혀간 것도, 난산리에 살던 김두황, 화북동에 살던 부원휴, 제주읍사무소에 근무하던 김상년이 잡혀간 것도 이 시기입니다.

이때의 강경진압은 중산간 마을 주민 2만여 명을 산으로 내모는 결과를 빚었습니다. 1949년 3월 제주도지구전투사령부가 설치되면서 진압·선무 병용작전이 전개됐습니다. 신임 사령관은 한라산에 피신해 있던 사람들이 귀순하면 모두 용서하겠다는 사면정책을 발표했습니다. '하산하면 과거의 죄를 묻지 않고 생명을 보장해 주겠다'는 것이었지요. 이때부터 5월 초까지의 시기에 많은 주민들이 산에서 내려왔습니다. 그리고 집으로 돌아갈 수 있을 거라는 기대와는 달리 전부 구금당했습니다.

선흘리 거문오름 주변 목장에 있던 김영주가 함덕으로 내려갔다가 주정공장 수용소에 갇히고, 마을사람들과 함께 한라산에 올라가 숨어살던 김경인이 백기를 들고 광양으로 내려갔다가 서문통 창고에 갇힌 것도 이 시기였습니다.

## 〈이야기 둘〉
## 그것이 재판이었다고?

- 꿇어앉아 있었을 뿐
- 시간도 얼마 안 걸려
- 군인이 선 채로 장부 걷으면서
- 이름만 부르고 끝이야
- 항변 한마디 못하고
- 줄지어서 관덕정 갔다 왔는데
- 죄목도 형량도 몰라
- 이상한 재판

〈이야기 둘〉

# 그것이 재판이었다고?

### 꿇어앉아 있었을 뿐

제주읍사무소에서 일하다가 느닷없이 체포된 김상년이 끌려간 곳은 당시 관덕정 옆에 있었던 제주경찰서였습니다.

"수갑을 채운 채 별도로 마련된 취조실로 바로 데리고 가더니 고문을 해요. 하나는 경찰이고 하나는 군인인데 섞어져서, 특무댄가 뭔가 잘 모르겠어. 비행기 태운다고 표현했는데, 거꾸로 매달아 가지고 막 때리는 거예요. 그러면서 '좌익 활동한 명단이 있는데 부인하겠느냐' 그래요. 아, 부인이나 마나, 솔직하게 얘기를 했어요. 아버지 어머니가 위험하다고 해서 돈 450원 내놓은 것은 있다, 하지만 다른 것은 없다고. 그랬더니 '너 잔말하지 마라, 넌 의식적으로 좌익에 동조한 사람이다' 하면서 억지로 몰아가."

고문을 당한 뒤 유치장에 끌려들어갔습니다. 유치장 안에는 김상년보다 앞서 잡혀온 사람들이 많이 있었습니다. 김상년은 그곳에 이삼 일 동안 갇혀있었는데, 그동안에도 사람들을 계속 데려오고, 데리고 나가고, 다시 데려오는 일이 이어졌습니다.

"자꾸자꾸 이어지니까 몇 명인지도 모르겠어요. 잡혀온 사람들끼리 얘기를 나눌 수도 없었어요. 그렇게 있었는데, 하루는 관덕정 마당으로 데려가더니 전부 꿇어앉혀요. 사람들이 마당에 꽉 차게 앉아 있었어요. 그것뿐이었어요."

## 시간도 얼마 안 걸려

두 살 된 아들을 데리고 가시리 주변 야산에 숨어 다니다가 잡힌 박춘옥이 끌려간 곳은 서귀포경찰서 창고였습니다. 창고 안에는 앉을 자리도 없이 사람들이 가득 들어차있었습니다. 남자, 여자, 늙은이, 젊은이, 어린아이들까지 있었지만 모두 여러 날 숨어 다니며 헤매다 잡혀온 듯 행색이며 몰골이 비슷했습니다.

"고문을 심하게 받았어요. '산사람들에게 빤쓰는 몇 회 올렸느냐, 신은 몇 켤레 올렸느냐'고 하길래 안 했다고 하니까 안 할 리가 없다고 하면서 마구 때리기 시작해요. 난 쌀 한 되, 간장 사이다병으로 하나, 돈 5원 내어준 것밖에 없다고 말했어요."

얼마나 맞았을까, 아뜩해졌습니다. 기절을 한 것이지요. 그러면 찬물을 끼얹어 정신을 차리게 한 다음 또 때렸습니다. 찬물 벼락을 두 번 맞았으니 두 번이나 기절했던 모양입니다. 그다음에는 전기고문을 하고, 그것도 모자랐는지 손을 뒤로 묶고 달아맨 채로 또 때렸습니다. 온몸이 만신창이가 됐습니다. 그때 다친 손과 허리는 아직까지도 약을 먹어야 하는 후유증으로 남아있습니다.

"그땐 정말 살아질 거 같지 않았는데 사람 목숨 질긴 거라. 나도 나지만 다른 사람들 고문 받는 거 보니까…. 왜 그런 짓을 하라고 했을꼬. 신발 입에 물고 소 울음소리 내면서 기어오라고 하고, 강아지 소리 하면서 기어오라고 하고, 그렇게 해서 기어온 사람을 쳐 때리고 그러더라고."

박춘옥은 서귀포경찰서 창고에서 나흘쯤 있다가 제주경찰서로 옮겨졌습니다.

"제주경찰서에는 아기를 데리고 갔지요. 나처럼 어린 아기 데리고 있는 여자들이 많이 있었어요. 제주경찰서에서는 서류를 보면서 물어보기만 하고 고문은 없었어요. 유치장에 가둬졌는데 한 150명 담아놓으니까 꼬부려 앉아야지 발 뻗을 자리도 없어요. 하루에 주먹만 한 밥 하나씩 두 번 줍디다. 그거 아기랑 둘이 먹으면서 한 달쯤 있었던 거 같아. 어느 날 강당 같은 데 앉혀놓고 사람들 이름 부르면서 몇 년, 몇 년 그럽디다. 시간도 얼마 안 걸렸어요. '박춘옥 1년' 하는 소리를 들었는데 그게 재판이었던 모양이라."

## 군인이 선 채로 장부 걷으면서

토평동 굴 안에 숨어 있다가 잡혀 몇 번이나 죽을 고비를 넘긴 송○○가 끌려간 곳 역시 서귀포경찰서였습니다.

"시어머니, 시고모랑 같이 잡혀 가보니, 그 안에 잡혀온 사람들로 꽉 차있어. 어디 앉을 틈도 없더라고. 그렇게 잡아다 가둬놓고 나이 든 사람은 안 끌어가고, 젊은 사람들만 하나씩 끌어다 고문하는 거야. 우리 시고모가 나보다 두 살 위인데 먼저 끌고 나가더니 어떻게 두들겨 팼는지 다 죽게 됐어. 확 던지니까 축 늘어져버리더라고. 그 다음엔 나를 끌고 가는 거야. 나 이번에 죽는구나, 갔더니 '너 산에 쌀 몇 가마 올렸냐'고. 쌀이고 뭐고, 그것도 몇 가마가 어디 있어? 다 불 다 질러버려서 먹을 것도 없는데…. 그러면서 장작 반으로 쫙 짜갠 거, 그걸로 그냥 두들겨 패는 거야. 꼭 어깨하고 위팔만 계속 패는데, 갈라져서 피가 줄줄줄…. 얼마나 두들겨 패는지, 아이고 모르겠다, 50가마 올렸다, 쌀 50가마 올렸다고 했다고. 그러니까 매질을 멈추는 거라. 그러고는 질질질 끌어다 유치장에 팍 박아버리더라고."

그렇게 서귀포경찰서에서 경찰들에게 모진 고문을 받고 일주일쯤 있다가 제주경찰서로 옮겨졌습니다. 제주경찰서 유치장에도 사람이 가득했는데, 남자는 남자들끼리, 여자는 여자들끼리 있었다고 합니다.

"거기서 배타기 전까지 한 20일 살았는데, 사람들이 꽉 차있으니까 머리고 옷이고 이가 바글바글, 머리에 서캐가 하얘. 매일 앉아서 잡아도 끝이 없는 거야."

 보리와 콩을 섞은 주먹밥을 구멍으로 확 던지면 받는 사람은 먹고, 못 받는 사람은 굶었습니다. 고문은 없었지만 고문보다 더 두려운 '호명' 시간이 있었습니다.

 "그때는 사형시킬 사람 불러내는데 어떻게 불러냈느냐면, 무조건 '아무개' 하고 부르면 '네' 하면 '넌 대석방이다, 나와라.' 싣고 나가. 그러면 없어져버려. '대석방'이라고 하면 사형이야. 나처럼 식구 여럿이 잡혀와 있는 가족들이 많았는데, 딸이 사형 당하러 불려나가도 울지도 못했어. '아이고 불쌍한 거 불쌍한 거' 요렇게들만 했지. 거 무슨 죄 있는 사람들 갖다 죽인 거야? 재수 좋은 놈은 살고 재수 나쁜 놈은 사형 당한 거야."

 하루는 송○○를 불렀습니다. 이름 부르는 소리를 듣는 순간, 죽으러 가나보다 했는데 '대석방'이라는 소리는 하지 않고 아기를 유치장에 두고 혼자 나오라고 했습니다. 서귀포경찰서에서처럼 고문을 하려나보다, 또 그렇게 맞으면 이번엔 살아남지 못할 텐데…. 겁에 질려 나갔습니다.

 "검찰청에서 나를 혼자만 오라고 한 거야. 가니까 옷을 벗으래. 나중에 보니까 얼마나 고문당했나 보려고 그랬나봐, 검사가. 뭐 속옷을 입었나, 저고리 하나만 입었는데, 홀딱 벗었다고. 보니 새까맣게 피멍이 들어있지. 진물이 술술 흐르고. 그런데 그 사람이 '아이 가졌구만.' 그러더라고. 나는 내가 임신한 줄도 몰랐어. 그 사람이 또 '몇 개월 됐냐'고 물어. 입에서 나오는 데로 '3개월 됐어요.' 그러니까, '독한 사람들이지, 아이 가진 여자를 이렇게 때리는 데가 어디 있어' 그러더라고, 검찰이."

며칠 뒤에는 유치장 안 사람들을 다 나오라고 하더니 강당 같은 곳으로 데려다 앉혔습니다. 꽤 넓은 곳인데 사람들로 꽉 들어찼습니다. 앞쪽에 군인 몇이 서있었습니다.

"군인이 서서 장부 같은 거 걸으면서 아무개 석방, 아무개 몇 년, 아무개 무기, 아무개 사형, 착착 착착 불러요. 시간도 얼마 안 걸렸어요. '송○○ 1년' 그러더라고. 그때 제주시 여자, 50이 넘은 사람인데 무기를 받았어요. 그 양반이 나중에 형무소에서 친정엄마처럼 나를 걷어줘서 지금도 생각나요. 그 사람은 '아이고 내가 무슨 죄나 있어 여기 들어왔으면 되는데, 동네 사람하고 개인감정이 있으니까 날 빨갱이로 몰아가지고 이렇게 됐다'고 그러더라고. 우리 시어머니는 그때 석방됐어요. 나중에 들으니까 그때 우리 큰아이 업고 제주시에서 서귀포 예촌까지 걸어갔대요. 그 양반 친정이 거기였거든. 그런데 그렇게 석방돼서 나간 양반을 죽여 버렸다는 거야."

## 이름만 부르고 끝이야

화북동 집에서 책을 보고 있다가 가가호호 방문하던 군인들에게 교복을 입은 채 연행된 부원휴가 끌려간 곳은 당시 농업학교 운동장이었습니다. 이미 잡혀온 사람들도 많이 있었고, 계속 들어오고 있어, 웅성웅성했습니다. 운동장에는 천막이 열 동 정도 쳐져 있었습니다.

"가보니 동네 아이들도 있대요. 10대들. 다 억지로 끌려온 거예요. '우리가 무슨 죄가 있느냐, 아무런 잘못 없으니까 금방 나갈 거다' 이런 얘기도 나누고 그랬죠."

그러나 옆 천막에서 들려오는 소리에 모두 하얗게 질리고 말았습니다.

"막 두들겨 패는 소리, 사람 죽어가는 소리가 굉장한 거예요. 야전침대 각목으로 패고 장작으로 패고, 되는대로 무수히 개 패듯 패니까 죽는 소리가 말도 못해요. 겁나고 무서웠죠. 거기서 사람이 다리 절룩절룩 반 죽어서 나오더라고요. 내가 있던 천막에서도 하나하나 불려나가는데, 가는 사람도 보는 사람도 공포에 질려서 막 떨어요."

분위기에 겁을 먹긴 했지만 부원휴는 아무 잘못이 없다고 생각했기 때문에 떳떳이 갔습니다. 그러나 몇 마디 묻지도 않았고, 대답할 겨를도 주지 않았습니다.

"뭘 주었느냐, 가입했느냐 그러기에 학생인데 뭘 가입하느냐, 아니라고 했죠. 그러니까 막 두들겨 패는 거예요. 물을 확 끼얹어가면서. 양쪽 엄지손가락 묶어가지고 전기 돌리는 전기고문도 당했어요."

막내로 곱게 자라 힘든 일을 해본 적도 없고 매를 맞아본 적도 없었던 부원휴는 난생 처음 당하는 고통과 공포에 넋이 나가버렸습니다.

"고문당한 뒤로는 차라리 죽는 게 낫겠다는 심정으로 천막 안에 갇혀 있었지요. 12월 15일인가, 줄줄이 묶여서 제주지방법원으로 갔어요. 그렇게 묶인 채로 앉아 있는데, 한 시간쯤 됐는가, 나오래요. 군인 셋이 앉아 있었는데 계급이 육군 중위쯤 되는 것 같아요. 앉아가지고 이름을 부르대요. 한 40~50명 이름을 다 불러요. 그걸로 끝이에요. 이름만 부르고 끝이야."

### 항변 한마디 못하고

난산리 민보단 서무로 일하던 김두황이 포승에 묶여 경찰에게 끌려간 곳은 성산경찰서였습니다.

"소나무 장작으로 냅다 갈기기부터 해요. 무조건 때리면서 얘기하라는데, 뭘 얘기하라는 것인지 알 수가 있어야지. 그걸 모르니까 맞기만 했지요. 흠씬 두들겨 패면서 가입하지 않았냐고 막 다그쳐. 하도 때리니까 무슨 뜻인지도 모르면서 했다고 했어요. 나중에 알고 보니 남로당에 가입했느냐는 소리였어. 그런 게 있는지도 몰랐는데 가입했다고 한 거지요. 때리는 걸로 모자랐는지 경찰 하나가 밖으로 끌고 나가더니 총구를 목에 들이대면서 쏴 죽여 버리겠다는 거라. 맞아 죽든지 총 맞아 죽든지, 어차피 죽겠구나 싶어서, '쏠 테면 쏴라!' 그랬더니 다시 끌어다가 유치장에 가둬버리더라고."

한 평 반쯤 된 마루방에 한 20명이 들어가 있었습니다. 서있거나 쪼그려 앉아야 할 만큼 좁았습니다. 쪼그리고 앉아서 한 달을 지냈습니다.

"집에서 밥해 날라다줘서 먹고…. 화장실이 그 안에 있어서 바깥으로 나가보지 못했어요. 가만히 놔두지도 않아. 구멍으로 손 내놓으라고 해서 쇠좆매로 감아서 때리면 착 붙어요. 맞은 자리가 막 퉁퉁 부어. 난 그걸로 맞아보진 않았지만, 다른 사람들 맞는 걸 여러 번 봤지요."

성산경찰서 유치장에 그렇게 한 달 정도 지내고 제주경찰서로 압송됐습니다.
제주경찰서 유치장은 성산의 그것보다 넓어 다리는 뻗을 수 있었지만, 텃세가 기다리고 있었습니다.

"선후배를 확실히 구분합디다. 선배들한테 막 두들겨 맞고. 똥통 옆에 앉으라고 하고. 내가 왜 여기 이러고 있나, 억울했지요. 그렇다고 누가 알아줄 사람도 없고, 앞으로 어떻게 될는지 얘기해주는 사람도 없고 참 막막했어요. 제주경찰서에 있을 때는 알루미늄 그릇에 보리와 조를 섞은 밥을 줬는데, 네 숟가락밖에 안돼요. 그렇게 한 달쯤 살았나, 한 사람씩 관덕정 옆에 재판소에 불려가서 조사 받았어요. 지금 생각해보면 검사인 모양이라. 무서워서 항변 한 마디 못하고 산사람 도와줬다고 얘기해버렸지요. 그렇게 안 한 거 했다고 하고 징역 1년을 선고받았습니다."

## 줄지어서 관덕정 갔다 왔는데

1949년 4월, 흰 기를 들고 이른바 '귀순'을 한 김경인은 서문통에 있는 창고 같은 데서 이틀 있다가 동척회사 주정공장으로 옮겨졌습니다. 그곳에서 나이 든 사람들은 석방되고 젊은 사람들은 수용소에 가두어졌습니다. 김경인의 아버지는 그때 석방됐다고 합니다.

"주정공장에 가니까 칸칸마다 사람들이 꽉 차있었어요. 우리 방에는 여자들만 있었는데, 젊은 여자들도 있고, 할망들도 있고. 경찰이 불러다가 취조하는데 바른 대로 얘기 않는다고 막 때리고 고문 소리가 뭣 닮아. 나는 취조 받으면서 매는 안 맞았어요. '산에 가서 폭도 밥 해줬느냐'고 물어요. 안 한 걸 했다고 할 수 없으니까 안 했다고 대답했지."

김경인은 수용소에서 한 달쯤 살았다고 합니다. 수용소에 있는 사람들은 하나같이 다 꼴이 말이 아니었습니다. 김경인은 나무하러 갔다 오기도 했습니다.

"경찰인가 경비대인가 감시하러 같이 가고, 갇혀있던 사람들하고 화북 거로 저 위에까지 나무하러 갔다 오기도 했어요. 쑥 다 새버려서 이만큼 큰 거 막 뜯어다가 소금에 절여서 막 먹고. 배고프니까. 큰 가마솥에 불 삼아서 보리쌀 놓고 밥해서 삽으로 거르고 딱딱 찍어서 주는데 사람들이 하도 많으니까 모자라죠. 우리 동네 남자 하나는 찌꺼기 주워 먹다가 막 매 맞았어요. 그렇게 배고파서들 난리라. 시에서 사는 사람들은 쌀 구하면 냄비 닮은

거에 밥해먹기도 하고. 우리는 그런 거 없으니까 못 먹어봤지. 거기서 한 달쯤 살았던 거 같아요. 동척회사에서 줄지어서 관덕정 갔다 왔는데…, 가라면 가고 오라면 오고 무서워서 시키는 대로 했주. 그게 재판이었나?"

## 죄목도 형량도 몰라

선흘리 목장에서 소와 말을 돌보던 김영주는 1949년 5월, 함덕에 가면 집에 보내준다고 해서 갔다가 트럭에 실려 끌려갔습니다. 그리고 동척회사 주정공장 수용소에 가둬졌습니다. 사람들이 바글바글 많이 있었습니다. 날마다 한 무리씩 밖으로 데리고 나갔고, 나가면 돌아오지 않았습니다. 그것이 집으로 돌려보내는 것이라 생각했던 김영주는 함께 있던 사람들에게 우리는 언제 나가느냐 물었습니다.

"취조 받으러 나가는 것이었어, 그게. 나보다 나이 먹은 사람들이 그러는 거야. '여기 온 사람들은 어쩔 수 없이 징역 살아야 된다'고. 내가 '죄가 없는데 무슨 징역을 사느냐'니까, '죄는 만들면 죄 아니냐'고."

입었던 갈중이 적삼 입은 채로, 밥은 주는 대로 먹고, 안 주면 굶고 하면서 주정공장 수용소에서 한 달쯤 살았다고 합니다.

"주정공장에서는 취조를 안 하고, 경찰들이 한 번에 50명이고 100명이고 데리고 관덕정 근처에 있는 취조실로 가요. 내가 갔을 때, 취조관이 엎드리라고 하더니 대나무 잘라진 거, 그게 굉장히 아파요. 그걸로 때리면서 '너는 무슨 이유로 지금까지 산에 있었느냐' 그래요. 무슨 이유나 마나 '우리 땅에서 소 보고 말 보고 있었다, 그 짐승을 다 굶기느냐, 촐 먹이러 가 있었다' 그랬는데, 그걸로 끝이야. 죄목이 뭔지 몇 년 형인지도 일절 모르고. 취조가 끝나고 산지천 옆에 있는 큰 목재소로 갔어요. 거기서도 한 달 정도는 산 거 같아. 그때는 집에서 밥해 오면 먹는 사람들 있습디다. 밥은 담아주는데 밥 가져온 사람 얼굴은 못 보게 했어요. 우리 집안 가족들은 한 번도 안 왔어요. 안 온 게 아니라 못 온 거지요. 분위기가 살벌하니까."

## 이상한 재판

김영주 김상년 송○○ 김두황 박춘옥 부원휴 김경인, 이들처럼 '4·3'에 연루되어 '갇힌 몸'이 됐던 사람은 얼마나 될까, 그리고 어떤 재판이 이루어졌을까, 《제주4·3사건 진상조사 보고서》는 이렇게 기록하고 있습니다.

제주4·3사건의 기점이 되었던 1947년 3월 1일로부터 1948년 4월 3일을 거쳐 1954년까지 4·3사건과 관련하여 사법부의 재판을 받고 형을 언도받은 사람들은 수천 명에 달하였다. 4·3사건 관련 재판으로는 제주지방법원, 광주지방법원, 대구고등법원, 대법원 등에서 치러진 '일반재판'과 미군정 당시 행해진 '군정재판', 군인·군속을 대상으로 한 '군법회의' 등이 있었다. 또한 1948년 12월 계엄령이 내려진 시기에 민간인을 대상으로 열린 군법회의와 1949년 7월 예외적으로 국방경비법을 적용한 민간인 대상 군법회의가 있었다.

그 가운데 민간인을 대상으로 치러진 4·3사건 관련 재판 상황을 《제주 4·3사건 진상조사 보고서》등을 통해 간추려보겠습니다.

**일반재판**

3·1사건과 그에 뒤이은 3·10총파업에 가담한 사람 가운데 주동자는 기소되어 1947년 4월 3일부터 군정재판이 시작됐습니다. 같은 달 14일에 군정재판이 조선인 법정으로 이관되어 제주도에서는 제주지방심리원에서 관련 피고인에 대한 재판을 관할하게 됩니다. 이에 따라 4월 21일부터 제주지방심리원에서 연속적으로 재판이 실시되어 5월 23일에 종결됐습니다. 3·10 총파업에 참여했다가 외도국민학교 파업 주동자로 지목되어 4월 20일경에 검거됐던 김상년도 이 시기에 재판을 받았습니다. 그의 재판일은 4월 28일이었지요.

5월 23일 이후에도 1948년 초반까지 민간인과 미군정 경찰 사이에 마찰이 계속 일어나 사건이 끊이지 않았고, 상당수의 주민들이 경찰에 검거되어 재판에 회부됐습니다.

1947년 3월 1일에서 1948년 4월 3일 사이에 제주에서 치러진 재판에서 형을 선고받은 사람은 모두 480명, 이 가운데 징역·금고형 82명, 집행유예 150명, 단순벌금형 248명이었습니다. 이 시기에 내려진 실형 가운데 최고형은 징역 1년, 나머지는 그 이하였는데 징역형을 받은 사람들은 대부분 목포형무소에 수감됐습니다. 그리고 형을 마쳐 출소한 뒤 제주에 돌아오거나 다른 지역으로 피신했기 때문에 4·3 발발 이전의 재판으로 형무소에 수감 됐다가 목숨을 잃은 사례는 없었습니다.

1948년 4월 3일 무장대의 습격을 시작으로 사건은 격화되어 갔습니다. 5·10 선거가 제주도 두 개 선거구에서 무효로 처리되자 미군정은 제주도 사태가 더욱 악화되는 것으로 판단하고 더욱 강화시킨 응원경찰과 진압병력을 파견했습니다. 더불어 검거당한 피의자들이 대폭 늘어나 제주의 심리원과 검찰진으로는 사건을 신속하게 처리할 수 없게 됩니다. 이에 중앙사법부는 제주지역에 심판관과 검찰관을 특별히 파견합니다.

5월 26일 서울에서 파견된 판·검사 일행 12명은 5월 31일부터 공판을 진행해 6월 11일 서울로 돌아갈 때까지 피고 37명에 관련된 42건을 판결했습니다. 이들 판·검사들은 주변의 압력으로 인해 제주도에서의 재판이 힘들었음을 미군정청에 보고했고, 미군정청은 4·3사건 관련 재판을 광주지방법원으로 이관해 계속 실시하도록 조치합니다.

> 판사 2명과 대법원 최고 검찰관으로 구성된 한 팀이 제주도에 가서 폭동으로 야기된 대다수의 사건 재판을 끝낸 뒤 서울로 귀경했다. 250여 명이 아직도 경찰서 유치장에 감금돼 있다.

당시 미군정청이 남긴 문서 내용 가운데 일부입니다. 이와 더불어《주한미육군사》에 있는 '1948년 7월 현재 216명이 기소되어 실형언도를 받았고, 그중 115명은 구속되었다'는 기록, 제3차 제주도사건 토벌대장이 1948년 8월 20일에 귀경해 보고한 내용 중 '4월 3일부터 8월 3일까지의 폭도 검거수는 977명인데 그중 436명을 검찰에 넘겼다'는 기록 등이 당시의 상황을 가늠해보게 합니다.

　미군정청의 조치에 따라 제주검찰청에서 심문을 받던 4·3사건 피의자들이 광주지방검찰청으로 이송됩니다. 1948년 8월 23일에 32명이, 9월 3일에 40명이 이송됐습니다. 같은 해 하반기 제주에서 광주로 이관된 4·3사건 관련 피고인은 모두 131명이었습니다. 이들에 대한 공판은 같은 해 10월 1일부터 12월 29일까지 광주지방법원에서 치러졌습니다.

　1948년 11월 17일부터 12월 31일까지 제주지역에는 계엄령이 내려져 있었기 때문에 제주에서 일반재판은 실시되지 않았습니다. 광주지방법원에서 4·3사건 관련 일반재판을 계속한 것은 계엄선포 전에 이미 검찰에 기소됐던 사건이었기 때문입니다.

　계엄령이 끝난 1949년 이후 4·3사건 관련 피고인들은 다시 제주지방법원에서 재판을 받게 됩니다. 1949년부터 1954년까지 총 599명 피고인 가운데 361명이 실형을 선고받았습니다. 난산리에서 민보단 서기를 보다가 1948년 12월 어느 날 경찰에게 잡혀간 김두황도 이 시기인 1949년 3월경에 일반재판을 받았습니다.

　《제주4·3사건 진상조사 보고서》는 1950년 6·25 발발 전까지 4·3사건 관련 일반재판에서 징역 2년 이상의 장기 수형인은 200명 내외에서 크게 벗어나지 않은 것으로 보인다고 기록하고 있습니다. 이들은 대부분 목포형무소와 광주형무소에 수감됐습니다.

### 군법회의

　4·3사건 당시 군인·군속을 대상으로 한 군법회의가 여러 차례 열렸습니

다. 그리고 1948년 12월 계엄령이 내려진 시기에 민간인을 대상으로 한 군법회의와 1949년 6~7월에 예외적으로 국방경비법을 적용한 민간인 대상 군법회의가 열렸습니다.

1948년 12월 군법회의 대상자들은 어떤 사람들이었으며 어떻게 얼마나 잡혀들어 갔을까, 《제주4·3사건 진상조사 보고서》는 이렇게 기록하고 있습니다.

> 제9연대장이 (1948년) 10월 17일에 내린 포고령에 따라 제주도 중산간지대의 민간인들에 대한 소개령이 내려지고 대대적인 진압작전이 전개되었다. 작전의 대상에는 무장대뿐만 아니라 마을에 거주하는 일반 주민도 포함되었다. 더욱이 1948년 11월 17일 제주도에 계엄령이 선포되었는데, 계엄령이 해제된 12월 31일까지 제9연대는 "모든 저항을 없애기 위해 모든 중산간마을 주민들이 유격대에 도움과 편의를 제공하고 있다는 가정 아래 마을 주민에 대한 '대량학살계획'을 채택했다."
>
> 이러한 집단희생 과정에서 죽음을 면한 상당수의 주민들은 군부대에 체포되어 왔다가 제주농업학교 등 수용소에 임시 수감되었다. 10월 중순에 경비대는 작전 중에 800명의 사람들을 체포했다. 이들은 무장대와의 관련 여부를 가리기 위해 수용소에 수감돼 조사받았다. 이들은 이 당시 제9연대의 소위 '멍성말이식 수색작전'에 따라 아무런 저항도 없이 경비대에 체포된 중산간마을 주민들이었다. 이들 가운데 상당수가 군법회의에 넘어갔다.
>
> 제주도내 각지에서 군·경 당국에 검속된 4·3사건 관련 혐의자들이 각 경찰서나 수용소 등에 수감돼 조사를 받았다. 제9연대장은 10월 1일부터 11월 20일까지 1,383명이 생포됐다고 보고했다. 이들 가운데 일부는 제주지방법

원이나 광주지방법원에서 민간재판을 받았다. 그러나 11월 17일 계엄령이 내릴 때까지 미결수로 수감되었던 사람들이나 계엄령이 내린 이후 체포된 사람들은 거의 1948년 12월 군법회의에 넘겨졌다.

이처럼 1948년 군법회의 대상자들은 대부분 1948년 11월 중순 이후 초토화 작전이 전개되면서 검거된 사람들입니다. 초토화 작전에 따라 각 마을에서 무차별 민간인 학살이 이루어지면서 상당수는 현장에서 희생되었고, 군·경에 체포된 사람들은 각 조사기관에서 모진 고문과 심문을 거친 뒤 군법회의로 넘겨졌습니다.

당시 제주읍내에 있었던 대표적인 조사기관은 제주농업학교에 자리 잡았던 9연대 정보과와 원정로에 위치한 9연대 헌병대, 경찰청 특별수사대 및 사찰과였습니다.

사람들을 집단적으로 수용했던 대표적인 곳은 당시의 제주농업학교였습니다. 농업학교 동쪽 운동장에 천막들을 설치하고 임시수용소로 이용했지요.

1948년 군법회의는 9연대가 초토화 작전을 집중적으로 전개하던 12월 3일부터 29일까지 14차에 걸쳐 열렸습니다. 이 군법회의와 관련된 상황은 다음과 같습니다.

〈제주도계엄지구 고등군법회의〉
- 설치명령: 1948년 12월 1일부 특명 제29호 및 1948년 12월 25일부 동 수정명령 제39호
- 죄목: 죄과; 형법 제77조 위반, 범죄사실; 내란죄

● 공판장소: 제주지방법원

● 총 피고인 수: 871명

| 차수 | 1차 | 2차 | 3차 | 4차 | 5차 | 6차 | 7차 | 8차 | 9차 | 10차 | 11차 | 12차 | 13차 | 14차 |
|---|---|---|---|---|---|---|---|---|---|---|---|---|---|---|
| 12월 | 3일 | 4일 | 5일 | 7일 | 8일 | 9일 | 10일 | 11일 | 12일 | 15일 | 26일 | 27일 | 28일 | 29일 |
| 수(명) | 36 | 28 | 65 | 56 | 75 | 52 | 93 | 11 | 76 | 39 | 94 | 96 | 82 | 39 |

● 항변: 모든 피고인이 저마다 죄과와 범죄사실에 대해 무죄라 했으나

● 판정: 모든 피고인의 죄과와 범죄사실에 대해 유죄로 판정

● 판결: 사형 39명, 무기징역 67명, 징역 20년 97명, 징역 15년 262명, 징역 5년 222명, 징역 3년 4명, 징역 1년 180명

김상년, 박춘옥, 부원휴, 송○○는 이 '1948년 군법회의' 대상자였습니다. 이들 가운데 자신들의 죄목을 알았다는 사람은 없습니다. 형량도 박춘옥과 송○○만 '징역 1년'이라는 소리를 들었다고 했고, 김상년과 부원휴는 자신들이 몇 년 형을 받았는지조차 몰랐다고 했습니다.

1949년 3월 초, 한라산에 피신해 있는 주민들에 대해 귀순을 권유하는 전단이 뿌려집니다. 3월 2일 이후부터 선무작전이 전개된 것입니다.

당시 한라산에는 무장대뿐만 아니라 2만여 명에 달하는 중산간지역 주민들이 숨어들어 있었습니다. 주민들은 오로지 '살기 위해' 피신한 사람들이었습니다. 이들은 '내려오면 살려준다'는 선무공작에 따라 속속 하산했습니다. '1949년 군법회의' 대상자들은 대부분 바로 이 선무공작이 전개될 때 귀순해 자수한 사람들이었습니다. 다음은 《제주4·3사건 진상조사 보고서》에서의 당시 상황을 가늠해볼 수 있는 기록입니다.

3월 한 달 동안 만에 1,500명이 내려왔다. 5월 11일 제주를 찾은 국제연합한국위원단에게 유재홍 사령관이 보고한 바에 의하면, 3월 25일부터 4월 12일까지 잡힌 포로가 3,600명이라고 하였다. 4월 21에는 '포로 및 귀순자'가 5,817명으로 급증하였다. 내무부 차관의 5월 22일 작전 결과 발표에 의하면 "3월 5일부터 5월 14일까지 귀순자 총수는 6,014명이며, 그중 남자는 2,974명 여자가 3,040명이며 석방자 수가 4,163명, 현재 수용자 수는 1,851명"이라고 하였다. 이들은 모두 제주읍내와 서귀포의 수용소에 감금되었다. 당시 하산한 자들의 수용 장소는 제주읍내의 경우 주정공장(동척회사) 창고가 가장 컸으며, 그밖에도 농업학교, 일도리 공화당, 용담리 수용소 등으로 분산되어 있었다. 서귀포에는 정방폭포 위 감자공장과 천지연 부근의 창고가 수용소로 활용되었다.

5월 11일 주정공장을 방문한 국제연합한국위원단이 시찰 보고에서 지적한 다음과 같은 내용 또한 당시의 상황을 가늠해보게 합니다.

> 수용소에는 2,000명의 수감자가 오래된 창고에서 살고 있는 것이 발견됐다. 여성 수가 남성보다 대략 3배나 많았고 팔에 안긴 아기들과 어린이들도 많았다. 수용소장은 수감자의 90%는 산에 숨어 있다가 투항하였고, 나머지는 군 토벌대에 의해 체포됐다고 말하였다.

마을사람들과 함께 산에 피신해 있다가 백기를 들고 내려온 김경인도, 소와 말을 돌보느라 선흘의 목장에 있다가 함덕으로 내려간 김영수노 주성공장 수용소에 수감돼 있었습니다. 그들은 수용소에서 한 달 이상 '먹으나 마나' 하면서 생활하던 중 수감자들이 고문당하는 소리를 숱하게 들었습니다.

경찰은 수감자들을 갖은 방법으로 고문해 무장대와의 연관성을 억지로 자백하게 만들어서 조서를 작성해 군에 넘기기도 했습니다.

이들을 대상으로 한 '1949년 군법회의'는 6월 21일부터 7월 7일까지 11차에 걸쳐 실시됐습니다. 이 군법회의와 관련된 상황은 다음과 같습니다.

〈고등군법회의〉

- 설치명령: 1949년 6월 1일부 육군본부 보병 제2연대 본부특별명령 제71호 제1항에 의거함
- 공판장소: 제주도 제주지방법원
- 죄목: 죄과; 국방경비법 제32·33조 위반,

  범죄사실; 적에 대한 구원통신연락 및 간첩죄
- 총 피고인 수: 1,659명

| 차수 | 1차 | 2차 | 3차 | 4차 | 5차 | 6차 | 7차 | 8차 | 9차 | 10차 | 11차 |
|---|---|---|---|---|---|---|---|---|---|---|---|
| 월일 | 6. 21. | 6. 28. | 6. 29. | 6. 30. | 7. 1. | 7. 2. | 7. 3. | 7. 4. | 7. 5. | 7. 6. | 7. 7. |
| 수(명) | 3 | 197 | 131 | 13 | 238 | 222 | 188 | 200 | 209 | 176 | 81 |

- 항변: 모든 피고인이 한 사람도 빠짐없이 죄과와 범죄사실에 대해 무죄라 했지만
- 판정: 모든 피고인의 죄과와 범죄사실에 대해 유죄로 판정
- 판결: 사형 345명, 무기징역 238명, 징역 15년 308명, 징역 7년 706명, 징역 5년 13명, 징역 1년 22명, 불명(不明) 2명

김영주와 김경인은 이 '1949년 군법회의' 대상자였습니다. 그러나 두 사람 다 군법회의에서 자신들의 죄목도 형량도 듣지 못했다고 합니다.

김상년 박춘옥 부원휴 송○○ 김영주 김경인처럼 4·3사건 당시 군법회의 대상자들은 '이상한 재판'을 받고 수형의 몸이 됐습니다.

다음은 《제주4·3사건 진상조사 보고서》의 기록입니다.

> 군법회의 대상자들 가운데 형무소에 수감되었다가 구사일생으로 살아 돌아와서 아직도 생존해 있는 사람들을 통하여 당시 치러졌다는 군법회의 재판의 실상을 들여다보면, 그 절차에 많은 문제점이 있음을 알 수 있다. 생존자들은 당시 재판을 받지 않고 수감되었다거나 적법 절차를 거치지 않고 형식적으로 치러진 재판이었다고 증언하고 있다. 군법회의가 아예 없었다거나 적법 절차를 어긴 형식적인 재판이었다면, 군법회의 대상자들을 '수형인'으로 호칭하는 것도 문제이며, 형무소에 수감된 것도 '불법감금'된 것으로 보아야 할 것이다.

《제주4·3사건 진상조사 보고서》는 4·3사건 당시 군법회의 재판으로 형무소에 수감되었던 당자들을 대상으로 실시한 증언조사를 통해 그들이 수감된 경우를 세 가지로 분류했습니다.

첫째는 군·경의 취조를 받고 아무런 재판 절차 없이 형무소 이송 후 죄명과 형량을 통보받고 수감된 경우입니다. 김상년의 경우가 그렇습니다.

둘째는 군·경의 취조를 받고 재판정에 집단으로 출석시켜 호명하는 것으로 그치고, 형무소 이송 후 죄명과 형량을 통보받고 수감된 경우입니다. 부원휴의 경우가 그렇습니다.

셋째는 군·경의 취조를 받고 재판정에 집단으로 출석시켜 호명 후 형량 언도하고 형무소 이송 후 수감된 경우입니다. 박춘옥과 송○○의 경우가 그렇습니다.

김경인은 주정공장 수용소에 설치된 취조실에서 경찰에게 취조를 받고 줄지어서 관덕정 갔다 왔을 뿐인데 형무소로 이송되어 수감되었고, 수감 중에도 자신의 죄명과 형량을 몰랐다고 합니다.

김영주는 관덕정 근처에 있는 취조실에서 취조를 받고 형무소로 이송됐는데, 이송 후에도 자신의 죄명과 형량을 알려주지 않아서 형무소 간수에게 직접 물어보고 알았다고 합니다.

《제주4·3사건 진상조사 보고서》는 군법회의와 관련해 수감된 당사자들에 대한 증언조사와 더불어 당시 군법회의와 관련된 군·경 관계자에 대한 증언조사를 병행하고, 군법회의 재판 관련 소송기록, 행형기록, 경찰문서, 국회의사록, 정부기록, 신문기사, 미국자료 등의 문서자료를 조사한 결과 '4·3사건 군법회의'에 대해 다음과 같은 결론을 내놓았습니다.

1948·1949년 제주에서 치러졌다는 '군법회의'는 법률이 정한 정상적인 절차를 밟았음을 증명할 수 있는 소송기록, 즉 재판서·공판조서·예심조사서 등이 발견되지 않는다. (중략) 재판이 없었거나 형무소에 가서야 형량을 통보받는 등 형식적인 절차에 불과했다는 군인·경찰·피해자들의 증언, 관련법령에 의해 영구보전 대상인 판결문이 당초부터 작성되지 않았음을 보여주는 각종 자료의 존재, 하루에 수백 명씩 심리 없이 처리하는 한편 사흘 만에 345명을 사형선고 했다고 하나 이런 사실이 국내 언론에 전혀 보도되지 않는 등 제반 정황 등을 통해서도 재판절차가 지켜지지 않았음을 알 수 있다.

따라서 '4·3사건 군법회의'는 법률이 정한 정상적인 절차를 밟은 재판으로 볼 수 없다.

〈이야기 셋〉
## 제주바다를 건너며

〈이야기 셋〉

# 제주바다를 건너며

군·경에 잡혀 고문을 받고, 만신창이가 된 몸으로 짧게는 일주일 길게는 두 달 이상 유치장이며 수용소에 갇혀있던 수형인들은 제주항으로 끌려가 배에 태워졌습니다. 어디로 가는 것인지, 앞으로 어떻게 될지 알고 있었던 사람은 없습니다.

김상년은 배를 타고 나서야 그것이 군함이라는 얘기를 들었다고 합니다.

"아주 추운 때에요. 한 열 명이 배 갑판에 짐짝처럼 앉아서 갔어요. 배에서 죄수들끼리 '3천 톤급 군함'이라고 얘기하는 걸 들었어. 갑판에 껍데기 벗기지 않은 좁쌀부대기 실어져 있더라고. 배고프니까 그걸 막 먹었어요."

송○○가 배에 태워진 것은 비바람 치는 겨울밤이었습니다. 제주경찰서 유치장에서 한 방에 1년 받은 사람, 무기 받은 사람 다 같이 있었는데, 그 사람들을 무조건 다 몰아다 배에 실었다고 합니다.

"막 파도는 세고 비바람은 치고 어두울 때인데 배에다 무조건 몰아 싣기만 하니, 우리네를 싣고 가다가 바다에 가서 퍼버릴 건가보다 했어요. 파도치니까 배는 막 올라갔다 내려갔다 하는데 경찰들이 우리를 한군데로 다 들어가라고 막 몰아."

흔들흔들 휘청거리는 배 안에서 겨우 서있었는데, 또 사다리가 가파르게 세워놓아져 있는 곳으로 내려가라고 했습니다. 송○○는 기저귀 하나로 아이를 등에 묶어 업고 사다리를 타고 내려갔습니다.

"떨어지지 않음도 다행이지. 그 사닥다리를 붙들고 내려가 봤더니 배 밑창이더라고. 파도가 세니까 배 밑창에 몰아다 놓는 거야. 가다 죽으면 죽고 살면 살고…. 꽉 찼어. 남자 여자 할 것 없이 한 100명도 넘었던 것 같아요."

송○○는 제주경찰서 유치장에서 알게 된 동갑내기 여자 곁에 가 앉았습니다.

"호근리 사람인데 나처럼 아이 데리고 잡혀왔었어. 젖먹이 아들아이인데, 처음 봤을 때는 아이 얼굴이 복슬복슬했었거든? 유치장에 있을 때 거의 굶다시피 하니까 애 엄마 젖이 바짝 말라버려서 아기도 바짝 말라버린 거야. 우리 딸은 나를 막 후려갈길 때 내 등에 업혀 있다가 다리를 맞았었는데, 그 다리 상처가 썩어서 곪아터져 가지고 물이 줄줄 흘러요. 그래도 울지도 않고, 그 어린 게 무섭고 눈치가 이상하니까 아파도 견딘 거야. 그 불쌍한 아기들 안고 배 밑창에 앉아서 가고 있는데, 그 호근리 여자 나 건드리면서 '아구야, 우리아기는 죽었져' 그러더라고. 이렇게 봤더니 죽어있더라고. 굶어죽은 거야."

박춘옥이 두 살 된 아들을 데리고 배에 태워진 것은 1949년 2월경이었습니다. 품에 안은 아기는 힘없이 축 늘어져 숨만 겨우 가늘게 쉬고 있었습니다. 박춘옥이 서귀포경찰서에서 제주경찰서로 옮겨졌을 때 만난 도두리 여자도 아기를 데리고 있었고 함께 배에 탔습니다.

"그 여자 아기, 처음 봤을 때는 통통했었는데 유치장에 있는 동안 싹싹 말라가더니 한 달 만에 빠짝 해버렸더라고. 목포항에 내릴 때 그 여자, '아기가 죽었다'고…. 우리 아기도 죽을 거 같고, 나도 죽을 거 같고, 그때는 살아서 돌아올 거로 생각하지 않았어요."

농업학교 수용소에 갇혀 있다가 제주지방법원에서 이름 부르는 소리만 들은 부원휴는 다음 날 묶인 채로 배에 태워졌습니다.

"1948년 12월 15일인가 16일일 거예요. 통통선, 화물선 같아요. 가라니 가고, 오라니 오고. 어디로 가는가는 모르죠. 얘기를 안 해주니까. 동네 아이들도 같이 갔어요. 배 밑창에 그냥 쭈그리고 앉았는데, 보니까 한 200명 정도 되더라고요."

징역 1년 형을 선고받은 김두황의 죄명은 '국가 내란죄'였다고 합니다. 자신이 도대체 어떻게 '국가 내란'을 했다는 것인지 이해할 수 없었지만 항변 한마디 못하고, 포승줄에 손 묶여 줄래줄래 엮인 채 산지항으로 걸어가 배에 태워졌습니다.

"일반 손님들도 탄 여객선이었어요. 제일 아래, 창문도 없는 배 밑창에 실려 갔습니다. 난생 처음 제주 바깥으로 나간 게 그거였어요. 형무소로 간다는 건 알았지만 어느 곳인지는 몰랐지요. 살아서든 죽어서든 다시는 제주에 돌아오지 못할 거 같았어요."

김경인과 김영주는 1949년 여름에 바다를 건넜습니다.
김경인은 화물배에 태워졌습니다. 캄캄한 배 밑창 바닥에 쪼그리고 앉아 있었습니다.

"촌에서 태어나 열아홉 살까지 살면서 그 마을을 벗어나본 적이 없는 처녀가 태어나 처음으로 육지 가본 게 그 길이라. 무섭고 막막했지. 몇 시간 걸린 지도, 몇 명이 간 줄도 모르겠어요. 많이 있었는데 말들이 없었어. 말 못하게 하지는 않았지만 무슨 할 말이 있겠어? 죽기 아니면 살기지."

김영주는 부산으로 가는 배에 태워졌습니다. 어디로 가는지 무엇 하러 가는지 전혀 알 수가 없었기 때문에 배에 태우고 가다가 바다에 던져버리겠구나 생각했다고 합니다. 아내와 아이 얼굴이 아른거렸습니다. 부모님과 형제들은 또 어떻게 하고 있을는지, 가족들의 모습을 애써 떠올리며 죽음의 공포와 싸워야 했습니다.

〈이야기 넷〉
# 4·3 이전의 삶

- 김영주 이야기, 목장에서 살고 싶었는데
- 송○○ 이야기, 집안일밖에 모르고 살았지
- 김상년 이야기, 천신만고 끝에 시작한 교육자 길이…
- 박춘옥 이야기, 별 걱정 없이 살았주
- 김두황 이야기, 가난해도 희망이 있었는데
- 부원휴 이야기, 공부밖에 모르던 학생
- 김경인 이야기, 세상물정 모르던 순진한 소녀

〈이야기 넷〉

# 4·3 이전의 삶

**김영주 이야기**
**"목장에서 살고 싶었는데"**

김영주는 1922년 조천 선흘의 산간마을 선인동에서 4남3녀 중 장남으로 태어났습니다. 어린 시절에는 늘 눈에 걸리는 거문오름과 그 주변의 숲과 들판이 세상의 전부인 줄 알고 자랐습니다. 그곳에다 말들을 놓아기르는 아버지를 따라다니는 걸 참 좋아했습니다.

"우리 조부님과 아버님은 말 기르고 농사지으며 살았지만 글도 좀 하고 엄격하신 분들이었어요. 내가 여덟 살쯤 됐을 때라. 동네에 육지에서 온 할아버지가 있었는데 그 할아버지한테 한문을 배우래요. 그런데 말이 통하지 않아. 이를 테면 나는 하늘 천으로 알고 있는데, 하이 천 그런단 말이에요. 내가 '하늘 천 아닙니까?' 그러면 '그래, 하이 천!', 이런 식이야. 어린 마음에도 참 이상하다….."

그러던 중 다른 아이들은 책보를 메고 '학교'라는 데 다닌다는 걸 알았습니다. 김영주는 아버지에게 다른 아이들처럼 학교에 가겠다고 했습니다.

"그런데 학교를 못 가게 해요.. 일본놈의 글 가르치는 곳이라고…. 이 세상을 이렇게 만들고 우리를 망친 놈이 그놈들인데, 그딴 거 배워서 뭐하느냐, 특히 우리 조부님이 아주 야단을 쳐요."

어린 김영주는 무슨 말인지 잘 이해되지는 않았습니다. 그러나 할아버지와 아버지의 강경한 나무람에 고집을 부릴 수가 없었습니다. 그렇다고 책보 메고 학교 가는 아이들을 부러워하는 마음도 버릴 수가 없었습니다.

"눈치를 보니 학교 가는 걸 허락해줄 것 같지는 않고, 아무래도 안 되겠어요. 내가 학교 있는 동네로 도망을 갔어요. 학교를 찾아 들어갔지요. 교장이고 뭐고 선생님은 한 분뿐인데, 일본사람이 아니라 우리나라 사람이었어요. 선생님한테 가니까 무척 반겨줘요. '너 잘 왔다, 너희 아버님보고 너를 학교에 보내라고 해도 안 된다고 해서 싸우는 중이었는데, 잘 왔다' 이거야."

그때 김영주의 나이 열 살이었습니다. 혼자 학교를 찾아갔다 온 뒷날부터 학교에 나가기 시작했습니다. 할아버지는 화를 버럭 냈지만 아버지는 어이없다는 얼굴이었습니다.

"학교에 갈 때마다 '뭐 선생님이 나오라는데 나가야할 거 아닙니까?' 그러면서 꿋꿋하게 책보 둘러메고 매일 가니까 나중에는 아버지가 '그것도 공부니까 너 하고 싶은 대로 해봐라' 해서 학교를 졸업했습니다. 나중에 보니까 아버지가 그 학교 운영위원이였어요."

졸업하고 난 뒤 김영주는 중학교에 가고 싶었지만 말도 꺼내보지 못하고 포기했습니다. 마을에서 걸어 다닐 수 있는 중학교가 있었더라면 졸라보기라도 했을 텐데, 가장 가까운 신촌중학교도 거리가 너무 멀었기 때문입니다. 걸어서 오가다보면 한나절이 다 가버릴 테니 집에서 다닐 수 없고, 그렇다고 집을 떠나 하숙이나 자취를 할 수 있는 형편도 아니었습니다.

중학 진학을 포기한 김영주는 집안 농사며 축산 일을 돕기 시작했습니다. 열 서너 살밖에 안됐지만 일솜씨가 야무져 웬만한 어른의 일손 역할을 해냈다고 합니다.

"내가 장남이니까 아버지와 나 말고는 달리 일할 사람도 없었어요. 장남이라고 결혼도 일찍 시켰습니다. 손을 빨리 봐야한다고 열여섯 살에…. 농사는 보리도 심고 조도 심고, 고구마, 감자…, 밭에서 할 수 있는 농사 안 해본 게 없어요. 목장에 말도 늘 50필 이상 있었어요. 거문오름 부근 우리 목장이 있던 땅이 참 아름다운 곳입니다. 아버지가 식목을 좋아하고 말 키우는 거 좋아하셨는데, 나도 그런 거 좋아했습니다. 아버지한테 일 배우며 그렇게 살고 싶었는데…."

목장에서 일하는 아버지는 행복해 보였고, 김영주는 그런 아버지 모습이 참 멋져보였습니다. 나중에 아버지처럼 살고 싶다고 생각하며 열심히 일을 배웠습니다.

"해방이 됐을 때 내가 스물네 살이었어요. 조부님은 나이가 많이 드셨고, 아버님은 영농 무슨 책임자를 맡아서 시내에 자주 다니시느라 바쁘고 해서 내가 목장 일을 도맡아 했죠. 4·3사건이 나고, 가을에 함덕으로 다 소개됐을 때도 나는 목장에 있었어요. 소, 말들을 관리해야하니까 목장을 떠날 수가 없었지요."

다음 해 봄에 이른 바 '귀순'을 하러 함덕으로 내려갈 때까지도 김영주는 그날 본 목장풍경이 마지막이 될 줄 몰랐습니다.

### 송○○ 이야기
### "집안일밖에 모르고 살았지"

송○○는 1925년 남원면 한남리에서 태어났습니다. 첫딸이자 맏이였던 그는 어릴 때부터 남동생 둘, 여동생 셋을 돌보며 자랐습니다. 그 시절 시골 마을의 농갓집 딸들이 대부분 그러했듯 아버지 어머니를 도와 밭일도 하고 집안일도 하며 평범한 소녀시절을 보냈습니다.

"대동아전쟁이 처음 났을 때, 내가 열일곱 살이었어요. 열여덟 살 되니까 일본군인들이 처녀들 전부 모아가지고 군사훈련을 시키더라고. 나도 그 훈련을 받았어요."

송○○는 그 훈련을 받으면서야 자신이 남들보다 뜀박질을 잘한다는 것을 알 만큼 순박한 처녀였습니다.

"그 시절엔 다 그랬지. 학교가 뭐야, 딸들은 야학에도 안 보내줬다고. 집안일밖에 모르고 살다가 낮에는 훈련하고, 밤엔 붙들어놓고 일본글 배워주고 하면서 1년을 훈련시키더라고. 그때는 학교 교장도 지서에 순경도 일본사람이고, 군인도 전부 일본사람이지."

그랬어도 '사람'이 무서운 줄은 몰랐다고 합니다.

"처녀들 산골 갈 일 있어도 다 혼자 걸어 다녔어요. 차가 어디 있어? 제주시 가는 버스 딱 한 대 있는데 웬만한 사람들은 그 차 못 타고 다녔어요. 우리는 제주시 화북에 고모님이 살았는데 거기도 혼자 다녔어, 처녀 때. 가다 보면 일본군인들이 총 메고 말 타고 지그락지그락 다녀도 본 척 않고 그냥 지나가지, 아무 말도 않더라고. 무섭지 않았지. 나는 4·3사건 때야 사람 무서운 거 알았어요."

군사훈련을 받는 중에, '훈련이 끝나면 전부 전쟁터로 내보낸다'는 이야기가 돌았습니다. 그도 그럴 것이 마을에 젊은이들이 없었습니다.

"청년대라고 했는데, 1년을 훈련시켜가지고 남자들은 전부 북해도로 내보내버렸어요. 우리 마을에 나이 스물에서 스물다섯 줄은 하나도 없었어요. 나중에 해방되고 보니 몇 사람 안 돌아왔더라고. 한 마을에 살아온 사람은 두셋밖에 없었는데, 온 거 봤더니 똑똑한 사람들이 다 바보가 돼버렸더

〈이야기 넷〉 4·3 이전의 삶

라고. 하여간 그때 훈련 뒤에는 처녀들도 보내버린다는데, 결혼시키면 안 보낸다니까, 남자만 있으면 시원찮아도 무조건 결혼시키는 거야. 하루에 몇 집씩 결혼식 하느라고 마을마다 난리야."

그래서 열아홉 살 송○○도 그때 결혼을 했습니다.

"의귀리 양반집 사람인데 나보다 두 살 위였어요. 일본으로 유학 가 있었는데 색시 정해놨으니 와서 결혼하라니까 금방 왔다고 해요. 나는 신랑 얼굴도 못 봤지요. 결혼식 하는 날에야 신랑 얼굴을 봤는데, 식만 올리고 일본으로 가버렸어요."

얼마 뒤 신랑은 일본에서 학교를 졸업하고 돌아와 면사무소에 취직했습니다. 똑똑하고 다정한 사람이었습니다.

"출장이 잦았어요. 출장기간이 길 때는 따라다니며 살았지요. 정뜨르 공항 만들 때, 신랑이 면 책임자로 거기 가게 되니까 따라가서 1년을 살다가, 스물하나에 큰아이 낳고 의귀리 시댁에서 살 때 해방이 되었죠. 그 다음 둘째 낳고 얼마 뒤에 4·3사건이 일어났어요. 그때는 신랑이 남원면사무소에 다니니까 남원에 살고 있었죠. 자고 나면 면장을 죽여 버렸다, 순경도 죽여 버렸다, 공산당이 어쩌구저쩌구…, 우리가 뭘 알아? 사람이 죽었다니까 죽은 거만 안타깝고 그러더라고. 마을 분위기가 그냥 부석부석…."

그런 와중에 의귀리로 출장 간다며 나가 행방이 묘연해진 신랑을 찾아

나설 때까지도 송○○는 몰랐습니다. 바로 그날 이전까지의 일상이 자신의 삶에서 아픔 없이 추려낼 수 있는 마지막 기억이 될 줄은….

### 김상년 이야기
### "천신만고 끝에 시작한 교육자 길이…"

1925년 이호동 오도롱 마을의 농가에서 태어난 김상년은 4남2녀 중 셋째였습니다. 부모님은 어린 김상년이 보기에도 딱할 만큼 부지런히 농사일을 했지만 집안은 늘 가난했습니다.

"당시 오도롱은 양반마을이었지만, 아니 오히려 양반마을이니까 어디 가서 장사도 안하고 다 제쳐버리니까 다른 마을에 비해 가난했어요. 그중에서도 우리 집은 아주 가난했지요. 큰형이 나보다 열두 살 위인데, 부모님이 가난해도 장남은 공부를 시켜야 한다고 생각했는지 학교를 보냈어요."

김상년이 기억하는 형은 늘 공부하는 사람이었습니다. 김상년도 여섯 살 때 천자문 책을 빌려다가 한문공부를 했습니다. 반년 동안 공부해 천자문을 익히고 나니까 다음에 공부할 책이 없었습니다.

"그 다음 책을 구하지 못하니까, 아버지가 한학자인 집안 어른한테 책을 빌려왔는데, 아주 어려운 역사책이었어요. 너무 어려워서 도저히 공부할 수가 없었어요. 그러니까 아버지가 '너 반 년 했으면 됐다. 이제 좀 쉴을 때가 됐져' 그러는 거라."

일곱 살 때부터 김상년은 소 꽁무니에 뒤따라가서 춣도 실어 나르고, 아버지 어머니 따라 밭에 가서 김도 매고 했습니다. 아버지의 밭은 큰아버지네 밭에 비해 유난히 돌이 많고 거칠어서 할 일이 여간 많은 게 아니었습니다. 그런데 큰아버지네는 집도 크고 번듯했습니다. 아버지 형제는 둘뿐인데 왜 밭과 집이 차이나는 걸까 궁금해서 하루는 아버지에게 그 이유를 물어보았다고 합니다.

"옛날엔 그 무슨 식인지, 큰아들은 밭도 집도 물려주는데, 작은아들은 아무 것도 물려주지 않으니까 그렇다는 거야. 큰아버지한테 다 물려주었기 때문에 아버지는 물려받은 게 하나도 없다는 거예요. 내가 아버지한테 따져봤죠. 그럼 도대체 우리가 살고 있는 집은 어떻게 지은 겁니까, 산간에 가서 소나무 해다가 말로도 실어 나르고 소로도 실어 나르고 해서 한 재목, 두 재목 날라다 지은 거다, 그럼 밭은 어떻게 된 겁니까, 젊은 때니까 어머니 아버지가 노동해가지고 장만한 것이다, 그래요. 우리 형제가 6남매예요. 그때 내가 아무리 어렸지만 이런 생각이 들어요. 우리는 앞으로 어떻게 살 것인가. 토지가 있으면 하나씩 물려받아 농사라도 짓겠는데, 농사지을 땅도 없으니 살길이 막연해 보이는 겁니다."

그때부터 김상년은 '내 앞길은 내가 개척해야겠다, 그러려면 공부를 해야겠다.'는 생각을 했다고 합니다. 부모님에게 공부를 시켜달라고 졸랐습니다.

"그때는 동네 선진 청년들이 야학을 열어 아이들을 공짜로 가르쳐 줬습니다. 부모님에게 낮에 공부시켜주지 못한 대신에 밤에라도 시켜주시오 해가지고, 그 야학에라도 보내 달라고 했어요."

김상년은 야학에 다니기 시작했습니다. 마당에 멍석 깔고 등잔불 아래 모여 앉아 공부하며 새로운 세상을 만난 듯했습니다.

"한 달이 되니까 가르쳐주는 것은 공짜지만 등잔불 밝히는 석유 값만은 내라고 하더라고요. 한 달에 5전이었어요. 그것을 가져가지 못하면 자연히 퇴학이 되는 거예요. 부모님에게 그 5전을 달라고 하니까, 야학에를 못 나가게 해요. 아버지 어머니 몰래 살짝 나가고, 나가고 했는데…."

다른 아이들은 야학 기간마다 서너 달씩 다녔는데, 김상년은 한 달 만에 그만 두곤 했습니다.

"공부하기 싫어서가 아니라, 기름 값 못 가져가니까 불가피하게 그런 것이죠. 그런 일이 자꾸 겹치니까, 내 이름의 '상'자가 장사 '상(商)' 자인데, 맛만 보고 그만둔다고 해가지고 맛볼 '상(嘗)'자라고, 동네에서 별명을 그렇게 지어줄 정도가 돼버렸어요."

속이 상한 김상년은 아버지에게 '왜 야학에 나가지 못하게 하느냐' 따졌습니다. 아버지는 '낮에 밭일 하고 심부름하느라고 피곤하니까 밤에는 편히 쉬고 잠을 푹 자야 뒷날 일할 수 있지 않느냐. 그리고 돈도 없다. 이래저래 공부할 환경이 아니기 때문에 공부할 수 없다.'고 했습니다. 아버지 말도 옳았지만 김상년은 자신의 앞날을 위해 공부하지 않고서는 도저히 안 되겠다고 생각했습니다. 큰형의 영향도 컸습니다.

"우리 큰형님은 한문 공부를 10년 동안 했습니다. 신학문은 2년밖에 안 했어요. 옛날에 보통학교라는 학교에 5학년, 6학년만 다녔는데, 성적이 좋고 행실이 얌전하니까 당시 일본인 교장이 상급학교 진학을 권했다고 해요. 그러나 우리 집은 너무 가난해서 진학할 형편이 못되었죠. 당시는 제주도지사가 경찰서장을 겸임할 때인데, 교장이 도지사한테 얘기해서 도청 급사로 취직시켜줬다 말입니다. 형님이 급사로 심부름하면서도 역시나 착실하고 글씨도 잘 쓰고 하니까 도지사하고 교장하고 힘을 합쳐서, 그때 산업조합이라고 있었어요. 거기 서기로 전근 겸 진급을 시켜줬어요. 그래서 형님이 월급 받고 살 때입니다, 그때가."

김상년은 아버지한테 '큰형님은 한문공부 10년, 신학문 2년, 12년이나 공부시켜주고 왜 우리는 안 시켜 줍니까?' 하고 따지기도 했습니다. 그래도 아버지는 요지부동이었습니다.

김상년은 작전을 바꿔 큰형에게 공부시켜 달라고 조르기로 했습니다. 걸어서 성내에 있는 큰형 직장으로 찾아갔습니다. 그러나 선뜻 큰형 앞에 나설 수가 없었습니다. 열두 살 위이니 어렵기도 하지만, 큰형이 입었던 것을 작은형이 물려 입고, 작은형이 입었던 그것을 또 물려 입어 누더기나 다름없는 옷을 걸치고 있는 자신의 꼴을 보면, 큰형이 창피스럽게 여길 게 분명

했기 때문입니다. 문 밖에서 한참을 서성이다 용기를 냈습니다.

"그렇게 거지같이 입고 코 흘리면서 형님한테 가니, 형님이 좋아합니까? 창피해서 죽겠다는 거예요. 그렇게 열두 번을 찾아갔어요. 한 번은 빵을 사주면서 달래서 돌려보내기도 하고, 어떨 때는 왜 이렇게 자꾸 찾아와서 귀찮게 하느냐고 발길로 차기도 하고, 창피하게 한다고 뺨도 때려버리고, 어떨 때는 공을 하나 사줘서 달래기도 하고, 어떨 때는 돈 몇 푼 쥐어주면서 이거 엄마아빠 갖다 드려서 고기 사 잡수시도록 해라 하면서 돌려보내기도 하고…. 그렇게 열두 번이에요."

그즈음 한 마을에 사는 8촌 형이 큰형에게 부탁할 일이 있어 만나고 왔다는 것을 김상년이 우연히 알게 됐습니다.

"그때는 일본에 가려면 도일 증명이 필요했는데, 그 증명을 하려고 하니까…, 우리 큰형은 관리도 아니고 일개 조합의 서기인데, 그것도 관리라고 해가지고 우리 큰형님한테 찾아가서 경찰서에 잘 얘기해주라고 부탁을 하고 온 것을 제가 알았어요. 열세 번째 형님 찾아갔을 때, 형님이 '너 오지 말라고 했는데 왜 또 왔어? 사람 이거 환장하게 만든다'고 하기에, 내가 엉뚱하게 생사람 잡을 거짓말을 했죠. '어제 도일 증명 잘 해달라고 8촌 형님 왔다갔죠? 그 형님이 큰형님한테 오면 공부시켜준다고 해서 왔습니다.' 그러니까 아, 이런 생사람 잡을 소리한다고. 내가 그런 말 한마디 한 적이 없는데, 엉뚱한 거짓말까지 하면서 사람 귀찮게 한다고."

큰형은 어이없어 하면서도 진지하게 '공부를 어떻게 시켜달라는 것이냐?' 물었습니다. 몇 년에 걸쳐 큰형을 열두 번이나 쫓아다니느라 김상년은 열두 살이 되어있었습니다.

"내가 나만 공부시켜달라는 게 아니었어요. 나보다 네 살 아래 동생이 있어요. 그 동생은 그때 여덟 살이라 입학 나이가 초과되지 않았으니까 성내북소학교에 입학시켜주시고, 나는 나이가 열두 살이 돼서 그 학교에 들어갈 수 없으니 사립학교에 입학시켰다가 그 학교로 전학시켜 달라고 했지요."

큰형은 알았다며 집에 돌아가 있으라고 했습니다. 큰형의 태도와 말투가 지난 몇 년 동안의 열두 번과는 달랐기 때문에 집으로 돌아오는 김상년의 발걸음이 가벼웠습니다.
 그러나 며칠이 지나도 소식이 없어 김상년은 기대 반 불안 반으로 보내야 했습니다. 김상년이 열네 번째 찾아갈 각오를 다지고 있던 그해 여름 어느 날, 큰형이 항상 타고 다니던 자전거가 그림처럼 눈 안에 들어왔습니다.

"그 자전거에 여름양복 두 벌을 딱 싣고 온 거라."

그날 큰형과 부모님이 들뜬 목소리로 나누었던 이야기가 생생합니다.

"아버님! 부모가 시켜주지 못하는 공부를 상년이가 왜 나한테 자꾸 찾아와서 창피하게 만들고 귀찮게 굴게 합니까?"

"아, 그 자식 그거 내가 보내서 하는 거냐? 아무리 몽둥이 들고 두들겨 패고 해봐도 자기가 공부만 하겠다고 쫓아다닌 거지, 내가 보낸 건 줄 알아? 나 모르게 살짝살짝 가서 하는 걸 어쩌라고."

큰형은 아버지에게 돈 25원을 내놓았습니다.

"애월면 신엄에 일신소학교라고 사립학교가 있었습니다. 입학금을 30원 받겠다는 걸 큰형님이 출장 다니면서 교장한테 부탁해서 5원을 깎아가지고 25원에 들여 주기로 했다는 거예요."

그렇게 해서 동생은 북소학교 1학년에 입학하고 김상년은 일신소학교 3학년으로 입학하게 됐습니다.

"1, 2학년 공부 안 하고, 나이가 많아서 3학년으로 입학을 해놨으니 성적이 좋을 게 뭐입니까? 낙제점수에요. 수우는 하나도 없어. 죄다 미양가야. 아, 그런 성적을 가지고, 그때는 3학기까지 있었는데, 3학년 3학기 때 북소학교로 전학을 갔어요."

북소학교로 전학한 김상년은 밤낮없이 악착같이 공부했습니다. 편입할 당시에는 미양가였지만 나중에는 수우가 수두룩할 정도가 됐습니다.

"내가 제일 못한 것이 음악하고 체육이었어요. 나머지는 다 잘했어요. 유독 잘한 것이 서도입니다. 서도선생이 일본사람인데, 책을 펴놓고 '오늘은 여기 공부한다' 하면서 보여주기만 해놓고 딱 덮어서 던져두고. 칠판에 백묵으로 썼건, 붓에 먹을 찍어서 종이에다가 썼건 책에 있는 글씨 꼭 그대로 나오는 거예요. '야, 이거 귀신이 곡할 노릇이다, 어쩌면 저렇게 잘 쓸까' 할 정도로. 그러니까 서도선생이지. 각 교실에 돌아다니면서 글씨 쓰는 것만 가르치는 선생이죠. 그때 내가 생각했어요. 나는 저 서도선생처럼 못할까? 나도 할 수 있다. 그래서 다른 아이들이 하늘 천자 하나 가지고 열 번 쓰는데, 나는 한 번을 쓰더라도 정신을 집중해서 써야 되겠다. 이걸 기어이 내가 숙달 해야겠다…. 서도선생이 잘 가르쳤다기보다 내가 노력을 엄청나게 한 것이지요."

그렇게 남보다 두세 배 노력한 김상년은 우수한 성적으로 북소학교를 졸업하게 됐습니다. 그러나 상급학교로 진학할 형편이 아니었습니다. 그런데 마침 그가 졸업하던 해에 북소학교에 2년제 고등과가 생겼습니다. 공부에 목말랐던 김상년은 시험을 치르고 고등과에 합격하게 됩니다.

"왜정 때는 갑종중등학교는 5년제고, 을종중등학교는 3년제인데, 을종중등학교 졸업정도의 자격을 부여하는 것이 바로 그 고등과입니다. 거기를 졸업하고 나니 광주사범학교에 특별강습소라는 게 생겼다는데 거기서 1년 공부하고 나면 초등학교 교사자격증이 나온다는 거예요. 저에게는 새로운 기회였지요."

물려받을 농토 하나 없는 자신이 앞으로 먹고살 길은 큰형처럼 어디 취직해서 월급 받으며 직장생활을 하는 것이라는 생각에 공부를 염원했던 김상년이 '선생님'이라는 새로운 꿈을 품게 된 것입니다. 만만한 도전은 아니었습니다.

"성적이 나쁘면 선발도 안 해줘요. 그런데 전국적으로 1,360여 명이 선발돼서 서류를 냈더라고요. 우선 서류 전형으로 500명 뽑고, 다시 실기시험 봐서 55명씩 두 학급 110명을 뽑으니 합격하기가 굉장히 어려웠어요. 거기에 제가 합격을 한 겁니다. 거기 1년까지 해서, 결국 내가 공부한 것은 통틀어 6년밖에 안 돼요. 남들은 학교 다니면서 고기 낚으러 다니고 바둑 장기도 둔다고 했지만 나는 도대체 그럴 틈이 없었습니다. 남들보다 공부를 늦게 시작했기 때문에 늦은 만큼 더 많이 해야 되니까, 아주 열심히 밤낮없이 공부했죠."

광주사범학교 특별강습소에서 공부를 마친 김상년은 근무지로 제주도를 희망했고, 외도초등학교로 발령받았습니다. 그때 그의 나이 스무 살이었습니다. 공부는 남들보다 늦게 시작했지만, 그는 고향에서 어느새 '빨리 출세한 사람'이 되어 있었습니다.

"서울 사범학교 나온 사람은 1종 훈도로 바로 발령받고, 다른 사범학교는

2종 훈도를 줍니다. 강습과는 농업학교 등 5년제 학교 나온 사람들이 가서 1년 강습 받아가지고 하는 거예요. 역시 2종 훈도를 줍니다. 그런데 우리는 갑종도 아니고 을종중등학교 정도의 학력인 고등과 2년을 나오지 않았어요? 그걸 가지고 3년 졸업 정도의 학력을 부여하는 건데, 그 자격을 가지고 1년간만 공부한 거니까 공부한 햇수도 적지만 교육자로서의 능력을 전부 갖추었다고 볼 수는 없죠. 하지만 학교에 배치는 해주는데, 처음에는 촉탁교사로 있습니다. 촉탁교사로 9개월 정도 있다가 3종 훈도가 됩니다. 당시 나는 빠른 출세라 할 수 있죠."

김상년은 자신에게 행운이 찾아왔다고 생각했습니다. '선생님'이 되어 아이들을 가르치는 일이 행복했습니다. 북소학교 학생 시절, 정신을 집중하고 연습에 연습을 거듭하며 열심히 익힌 서도 솜씨도 빛을 보기 시작했습니다.

"뭐든지 착실히 해둔 것은 어디 가지 않는 거라. 글씨를 잘 쓰니까 교장한테 칭찬받으면서 근무했습니다. 무슨 장부표지에도 글씨 써라, 학교에 문교부장관 훈시라든지 이런 것도 나보고 써서 붙이라, 교훈 급훈 같은 것도 나한테 써라. 계급으로는 꼴찌교사, 신참교사인데 우수교사 노릇을 했어요. 처음에 3학년을 맡고, 그 아이들을 5학년까지 끌어갔는데…."

아이들을 가르치는 시간이 더할 수 없이 행복했던 김상년은 교육자의 길이 사신이 살 길이라고 생각했습니다. 그 길이 계속되리라 믿었습니다. 1947년 봄, 파업이 진행되고, 그 주동자로 지목되어 경찰에게 잡혀갈 때까지도….

"외도국민학교 교사로 있었던 이삼 년이 내 인생에서 가장 행복했던 시절이었어요. 아내도 그 때 만나 결혼했지요."

해방되던 해의 어느 날, 김상년은 북소학교 다닐 때 제법 친하게 지내던 1년 후배를 우연히 만납니다. 일본에 있다가 해방이 되자 고향으로 돌아왔다는 후배는 김상년을 무척 반가워했습니다.

"그 후배가 외도사람입니다. 얼마 뒤 집에 놀러오라고 해서 갔더니 만찬을 차려놓고 대접하면서 자기도 교편을 잡고 싶다고 해요. 해방돼서 교원들이 나가버리고 하니까 보충하기 위해서 북소학교에 교원양성소라고 있었어요. 거기 들어가서 공부하면 되지 않겠느냐 뭐 그런저런 얘기를 하다가 마당을 내다봤는데 야무지게 보이는 처녀가 똘똘 돌아다녀요. 누구냐니까 여동생이래."

김상년은 후배의 여동생에게 첫눈에 반했지만 숫기가 없어 마음에만 담아두고 있었습니다.
김상년의 조언으로 교원양성소에 들어가 공부를 시작한 후배는 얼마 뒤 결혼을 하고 용담동에 신접살림을 차렸습니다.

"어느 날 밤 11시쯤인가, 내가 후배네 집으로 찾아갔어요. 문 탕탕 두드리니까, 누구냐고. 나라고 해서 들어가니까, 부부가 긴 베개 배고 나란히 자고 있었더라고. 후배가 자기 부인보고 저쪽 방으로 가래. 내 선배 왔으니까 같이 자겠다고. 후배하고 긴 배게 같이 배고 자면서 내가 그랬지. '야, 너희 누이동생, 그때 집에 놀러오라고 해서 가보니 야무지게 보이던데 나한테 주지 않겠느냐, 결혼하고 싶다'고. 밤중에 찾아가 그런 말을 하니까, '어렵게 이렇게 밤에 온 거 보니 선생님도 급하긴 급한 모양입니다만, 아무리 여동생이라도 내 맘대로 됩니까. 우리 집 어르신들한테 선생님 아버지가 와서 상의도 하고, 결정짓게 될 때 내가 개입해야지.' 그러는 거라. 그래서 우리 아버지를 보내서 승낙 받고, 한 20일 만에 후다닥 결혼하게 됐다고. 내가 스물두 살, 부인은 열아홉 살 때이지요. 후배가 손위 처남이 돼버린 거라."

그렇게 해서 결혼했는데, 한 달도 지나기 전에 경찰서로 연행되고 교직에서 파면당하면서, 각고의 노력 끝에 안아본 김상년의 행운과 행복은 짧은 기억이 되고 맙니다.

### 박춘옥 이야기
## "별 걱정 없이 살았주"

1927년 일본에서 태어난 박춘옥은 여섯 살 때인 1932년 가족과 함께 표선면 가시리 고향으로 들어왔습니다.

다섯 자매 중 셋째였던 박춘옥은 열두 살 무렵부터 집안일이며 농사일을 도왔지만 고생스러웠던 기억은 별로 없습니다. 그런대로 잘 사는 집안의 따뜻한 분위기 속에서 곱게 자랐기 때문입니다.

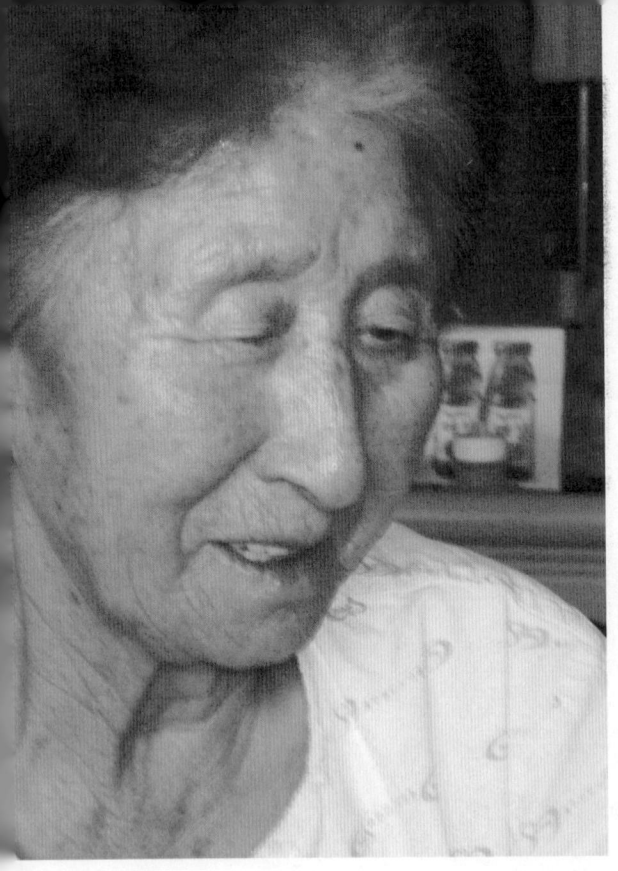

　　노래를 좋아하고 또 잘 불렀던 박춘옥은 친구도 많았고 인기도 좋았습니다.

　　"우리 마을 친구들 나 없으면 놀지 못했주. 해방되던 해에 열아홉 살이 됐는데, 그 해에 결혼했어요. 그 때 신랑은 스물한 살, 같은 가시리 사람이었습니다. 시아버지, 시어머니도 나를 참 많이 아껴줬어요. 시집도 농사지으니까 일할 땐 일하지만, 친구들이랑 놀고 싶으면 놀고…. 시집하고 친정집이 한 마을에 있으니까 친정 부모님 보고 싶으면 보러 가고…. 스물한 살에 아기 낳아서 키우고…. 4·3사건 나기 전까진 별 걱정 없이 살았지요."

### 김두황 이야기
### "가난해도 희망이 있었는데"

　　1927년 성산읍 난산리에서 태어난 김두황은 어린 시절을 떠올리면 가슴 속이 애잔해집니다. 아버지와 살 때는 어머니가 없고, 어머니와 살 때는 아버지가 없었습니다. 어머니가 없을 때는 한 마을에 사는 이모가 보살펴주었습니다. 어머니가 너무 보고 싶어 어둑해질 무렵이면 길에 앉아 엉엉 울었고, 그럴 때마다 이모가 달래주곤 했습니다.

"부모님이 돈을 벌기 위해 교대로 일본에 갔다 오곤 했던 거예요. 그때는 거의 다 못살 때니까 남의 밭 빌려서 소작하는 집이 많았어요. 우리 집도 소작을 했는데, 소작뿐 아니라 남의 밭도 갈아주고 소 길러주는 일도 하고 부모님이 고생이 많았지요. 촐도 두 단 비어야 한 단 가져오고, 새도 두 단 비어야 한 단 가져오고, 소작을 해봐도 두 섬 벌어야 한 섬 가져오고. 그렇게 아무리 열심히 일해도 형편이 나아지지 않으니까 일본에 왔다갔다하시면서 돈을 벌어 가지고 밭도 몇 개 샀다고 해요."

그러던 중 어머니가 병이 나고 맙니다. 아버지는 어머니의 병을 고쳐보려고 힘들게 벌어서 장만한 밭을 팔아가며 애를 썼지만 차도가 없었습니다.

"내가 일곱 살 때인가, 하루는 아버지가 밭에 메밀 비어서 묶어놨으니 형하고 나만 가서 소에 싣고 오라고 해요. 형이 나보다 다섯 살 위였고, 그 위로 누나가 하나 있었어요. 밭이 한 2킬로미터쯤 떨어진 곳에 있었어. 거기를 형하고 둘이 소 몰고 갔는데, 둘 다 어리니까 메밀단을 소 등에 실을 수가 없는 거라."

김두황은 그날따라 아버지가 이상하다고 생각했습니다. 당신은 집에 있으면서 아이들에게 버거운 일을 시킨 적이 없었기 때문입니다. 형하고 둘이 낑낑대다가 마침 밭 근처를 지나가는 마을 할아버지 도움을 받아 메밀단을

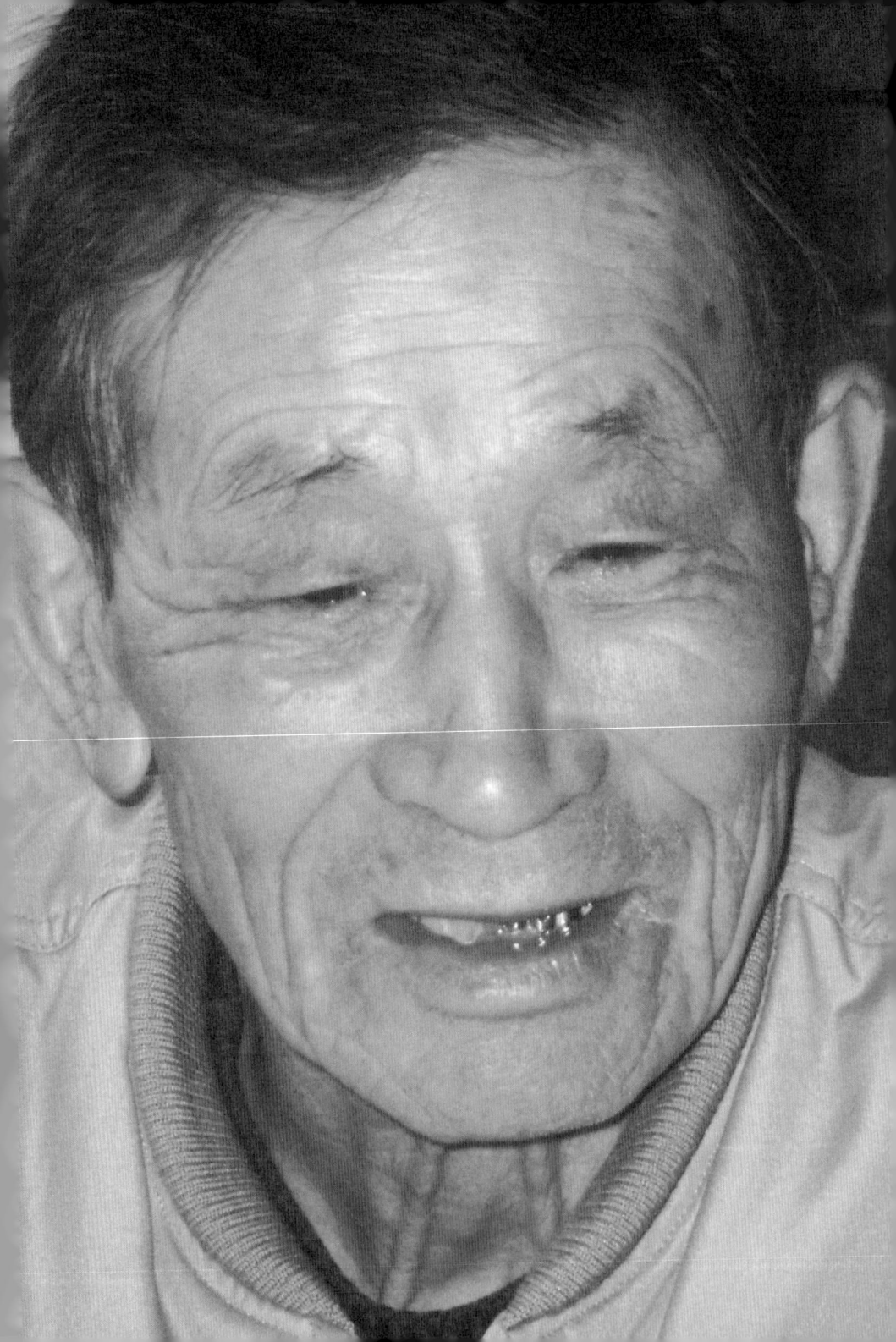

소에 실었습니다. 그리고 그 소를 몰아 다시 집으로 가던 길이었습니다.

"반쯤 갔는데, 저 멀리에서 이모부가 막 뛰어와요. 어머니 위독하니까 빨리 집에 가라고…. 그날 어머니 많이 아프시니까 아버지가 우리 형제를 밭에 보내고 당신은 집에 계셨던 거라. 형은 나보다 크니까 이모부랑 막 뛰어서 벌써 저만치 가버려 따라갈 수가 없어. 집으로 들어가려면 길을 돌아서 올레로 가야 하는데, 마음이 급하니까 올레로도 못가고 뒷담으로 뛰어서 집에 들어갔는데 이미 돌아가 버리셨어요. 그때 생각하면 지금도 눈물이 납니다."

어머니의 빈자리는 컸습니다. 식구들 모두 넋이 나가버린 것 같았습니다.

"형은 성읍보통학교에 다니고 있었어요. 공부도 잘하고 죽장 급장을 하고 졸업했는데 어머니가 돌아가셔서 상급 학교 못 가게 되니까 막 울던 모습이 기억나요. 나도 학교에 못 들어가고 있었죠."

설상가상으로 결혼을 앞두고 있는 누나마저 세상을 뜨고 말았습니다.

"아버지도 참 기막힌 세상을 산 것이지요. 호적으로 보면 위에 형님이 하나 더 있었는데 어릴 때 죽었어요. 나도 단명할까봐서 오씨집 할망한테 가서 빌어난 기억이 나요. 누나가 그 할망 아들하고 약혼했는데 누나도 그 약혼자도 돌아가 버려서 사혼식 올리고, 그 집에서 누나를 모셔갔습니다."

그즈음 난산리에 간이학교가 생겼습니다. 어느 날, 아버지가 난산간이학교에 김두황을 데리고 갔습니다.

"한 열 살 쯤 됐을 때라. 아버지를 따라갔는데, 선생님이 '가서 어머니 젖을 더 먹고 와라' 그래요."

젖먹이도 아니고 더구나 돌아가신 어머니 젖을 더 먹고 오라니, 김두황은 뭔 소리인가 싶었습니다.

"불합격 맞은 것이지요. 더 있다 오라니까 학교에 더 가고 싶어. 동남에 심상소학교가 있었는데 학생 수가 많아서 오전반, 오후반 나눠서 공부하고 있었어요. 오후반에라도 들어갔으면 했는데 못 들어갔어요."

김두황은 간이학교를 찾아가 심부름이라고 하겠다고 했습니다. 2년 동안 청소도 하고 선생님한테 물어가면서 사무실에서 공부했다고 합니다. 그리고 난 뒤 입학해서 비로소 '학생'이 됐습니다.

"일제시대, 그때는 학교에서 조선말 쓰면 벌금 1전씩 내놨습니다. 전부 일본말하게하고, 일본글만 쓰게 했습니다. 한글하고 한자는 아버지에게 배웠어요. 아버지하고 초석을 짜곤 했는데, 손으로는 일하고 입으로는 글자를 자꾸 배워줘. 그렇게 말로만 해도 머리에 잘 들어간 모양이라."

간이학교 공부를 2년 마치고 나니 김두황은 열다섯 살이 돼있었습니다.

"그때까지 아버님, 형님, 나 셋이 살다가…, 형님은 스무 살 되니까 결혼했는데 몇 개월 뒤에 일본으로 가버렸습니다. 일본 나고야 양계조합에 취직한다고…."

형이 일본으로 가고 난 후 얼마 뒤 새어머니가 들어와 집안 살림이며 김두황 뒷바라지를 해주기 시작했습니다. 그 무렵 4년제였던 성읍심상소학교가 6년제 성읍공립국민학교가 됐습니다. 어느 날, 아버지는 그 학교로 김두황을 데리고 가 시험을 치르게 했습니다.

"형편이 곤란했지만 아버지는 나를 더 공부시키려는 의지가 있었던 모양입니다. 그래서 그 학교에 찾아가서 어떻게 하면 내가 들어갈 수 있는지를 물어본 거라. 시험보고 들어오라니까 데리고 간 것이지요. 그때 난산간이학교 나온 아이들 넷이 갔는데 셋은 4학년 시험보고, 나는 나이가 많아서인지 5학년 시험을 봐서 합격됐습니다. 그래서 5학년에 들어가게 됐는데…."

시험에 합격해 들어는 갔지만 간이학교에서 2년 교육받은 것으로 5학년 수업은 무리였나 봅니다. 처음에는 선생님을 쫓아다니면서 모르는 거 물어보기에 바빴습니다. 담임은 제주사람이었는데 김두황에게 따뜻하게 대해주었습니다. 친절한데다 무엇이든 모르는 게 없어 보이는 선생님을 보며 김두황은 자신도 '선생님'이 되고 싶다는 꿈을 품었습니다. 그 꿈에다 적극적이고 성실한 노력이 보태져 성적이 오르기 시작했습니다. 특히 '도화' 시간이 기억에 남는다고 합니다.

"그림 그리는 거, 지금은 미술이라 그러지요? 그때는 도화라고 했습니다. 처음 그림 그릴 때, 다른 아이들은 난초며 학교 건물 보면서 삭삭 잘 그리는데 나는 아무리 잘하려고도 해도 괴발개발이라. 학교보다는 난초를 그리는 게 좀 쉽겠다 싶어서 뾰족뾰족 순난 거 그려서 푸른 색 칠했는데 50점을 받았습니다. 열심히 연습해서 다음에는 학교전경을 그려가지고 90점을 받았지요. 1학기 딱 끝나니까 2학기부터는 급장을 하라고 합디다."

어떤 과목이든 열심히 하다 보니 모든 과목에서 다 우수한 우등생이 된 것이지요. 김두황은 '서도' 시간을 가장 좋아했고 또 잘했다고 합니다. 글씨를 잘 쓰기도 했지만 아버지가 초석 짜면서 가르쳐준 덕분에 한문 실력이 좋았기 때문입니다.

"내가 그때는 나이가 많으니까 키가 가장 커서 맨 뒷좌석에 앉았어요. 선생님이 교실을 빙빙 돌아다니며 아이들 글 쓰는 걸 지도하는데, 내가 글 쓰는 건 가만히 보기만 합니다. 백지 사서 공책 매가지고 쓰는데, 보자고 해서 칭찬을 많이 했지요. 내가 필적은 좀 잘하고, 중용이니 그런 것도 전부 외워서 써가지고 100점을 받았습니다."

6학년 때도 급장을 지내고 우수한 성적으로 성읍공립국민학교를 졸업한 김두황은 중학교에 들어가고 싶었지만 접어야 했습니다. 새어머니가 동생을 낳은 지 얼마 되지 않은 때여서 괜히 미안하기도 했고, 자신을 중학교에 보내줄만한 집안 형편이 아니라는 것을 잘 알고 있었기 때문입니다. 그러나 공부하고 싶은 마음까지 접을 수는 없었습니다.

"성읍학교 나온 후에 집에서 공부했어요. 오관수라고 나랑 잘 맞아서 친하게 지내는 친구가 있었는데, 그 친구랑 초석도 같이 짜고 공부도 같이 했습니다. '우리가 중학교는 못가지만 공부는 하자' 해서 천자문 갖다 놓고, 축문 그런 것도 빌어다 놓고, 대상례 책도 빌어다 놓고…. 낮에는 각자 농사일 하다가, 밤에는 별일 있어도 그 친구가 우리 집에 와요. 촛불 켜놓고 같이 한문 서예 공부 열심히 했지요."

그즈음 마을 안은 일본의 전쟁 이야기로 뒤숭숭했습니다. 어느 날, 일본에 갔던 형이 돌아왔습니다.

"나고야 양계조합에 갔다가 어떻게 해서 사조기선주식회사에 들어갔다고 해요. 도요선을 타가지고 군속으로 살다가 대동아전쟁 때 태평양에 빠져가지고 부상당해서 집에 온 거라. 보니까 얼굴에 막 반창고도 붙여있고…."

장남이 돌아왔으니 집안형편이 좀 나아지지 않을까 기대했지만 형은 부상당한 몸을 추스르자 일본으로 다시 가버렸습니다. 형이 다녀가고 얼마 뒤 해방이 됐습니다. 그때 김두황의 나이 열여덟 살이었습니다.
　해방이 되자 새로운 기대감이 출렁였습니다. 공부에 대한 김두황의 갈망은 희망으로 바뀌었습니다. 공부의 끈을 놓지 않고 있었으니 중학교에 갈 수도 있겠다, 선생님이 될 수도 있겠다는 꿈을 다시 품게 된 것이지요.
　해방정국은 어지러웠고, 급기야 4·3사건이 일어났습니다. 불안하고 뒤숭숭한 마을 분위기 속에서 성을 쌓을 때까지도 김두황은 몰랐습니다. 외롭고 가난했던 그때까지의 시간들이 자신의 삶 가운데 가장 행복했던 기억이 될 줄은….

부원휴 이야기
## 공부밖에 모르던 학생

부원휴는 1929년 화북동 거로마을에서 태어났습니다. 그가 네 살 되던 해 아버지가 세상을 떠났지만 빈자리를 못 느끼고 자랐다고 합니다.

"큰형님 덕분이지요. 우리 형제가 넷인데 제가 막내입니다. 아버지는 농사지으시다가 마흔 셋의 나이에 아파서 돌아가셨어요. 그때 큰형님이 스무살이었습니다. 큰형님이 아버지 역할을 했지요. 어머니하고 형님들하고 같이 살았는데, 나는 막내여서인지 고생 모르고 곱게 자랐습니다."

부원휴의 큰형은 교육에 대한 열의가 대단한 사람이었습니다. 그 자신도 열심히 공부했지만 동생들을 교육시키겠다는 일념으로 학교에 보내고 열심히 공부하라 관심과 격려를 아끼지 않았습니다.

"큰형님은 상당히 선각자였어요. 제주도에 제충국이라고 살충제 만드는 약을 제일 처음 도입하기도 했지요. 북국민학교 전신인 제주관립보통학교를 나왔는데, 동창 중에 훌륭한 분들이 많았습니다. 모두 교육에 열성적이었죠. 형님도 그런 영향을 많이 받았던 것 같아요. 당시 시골에서는 국민학

교도 못 다닌 사람이 많았는데 동생들 교육시키겠다는 일념에서 저희 3형제를 모두 학교에 보냈습니다."

부원휴는 여덟 살 때 화북국민학교의 전신인 화북보통학교에 입학했습니다.

"작은형님들이 거기 다니니까 그 학교에 들어갔습니다. 형제들이 있으면 수업료가 반으로 할인됐습니다. 입학해 보니까 동창들이 다 나보다 나이가 많아요. 다섯 살 차이나는 동창도 있고. 내가 가장 어리더라고요."

나이가 어려 체력 차이가 나니까 운동은 뒤쳐졌지만 공부는 잘했습니다.

"교장은 일본사람이지만 담임선생님은 제주사람이었습니다. 이창하 선생님이었는데 저를 많이 아껴줬어요. 왜정 때는 '수신'이라는 과목이 있었습니다. 그 과목을 가르쳤는데, 자주 하시던 얘기들이 아직도 생각납니다. 생식하고 소식해라, 자연의 섭리를 거스르지 말라, 절대 욕심 부리지 말라, 어떤 것이든 억지로 하면 부작용이 생겨서 실패한다, 성실하게 하면 언젠가는 결실이 온다…."

화북보통학교를 졸업한 부원휴는 전라남도 순천에 있는 순천중학교에 진학했습니다.

"큰형님과 잘 아는 분의 아들이 그 학교에 가게 되니까 연결이 돼가지고 갔어요. 하숙하면서 순천중학교에 다녔지요. 해방을 순천에서 맞았습니다. 그 뒤에 제주에 들어와서 제주농업학교에 편입해 다니던 때 4·3사건이 일어난 것이지요."

공부를 제법 잘했던 부원휴는 농업학교를 졸업하면 대학에 진학해 계속 공부할 꿈을 가지고 있었습니다. 그 꿈은 공부밖에 몰랐던 그 시절 이후로 다시 피어나지 못하고 말았습니다.

**김경인 이야기**
## 세상물정 모르던 순진한 소녀

김경인은 1930년 아라동 월평에서 태어났습니다. 그는 3남2녀의 둘째이자 큰딸이었습니다. 어린 시절의 김경인은 이 세상에 농사일만 있는 줄 알았습니다. 부모님은 물론 할아버지, 할머니, 마을사람들 모두 농사일 속에 파묻혀 사는 걸 보며 자랐기 때문입니다.

"나도 열한 살 때부터 밭에 나가 김매고 농사일 했어요. 남자형제들은 학교 다니면서 공부했지만, 나는 야학도 못했어요. 우리 할아버지가 그런데 못 다니게 하더라고. 옛날어른이고, 또 그때는 여자는 공부시키지 않았던 시절이지요. 그래서 글도 몰랐어요. 집안일하고, 동생들 키우고, 농사짓고, 그렇게만 살았으니 물정도 통 몰랐지. 열여섯 살에 해방되고, 열아홉 살에 4·3사건 일어날 때까지도…."

〈이야기 넷〉 4·3 이전의 삶

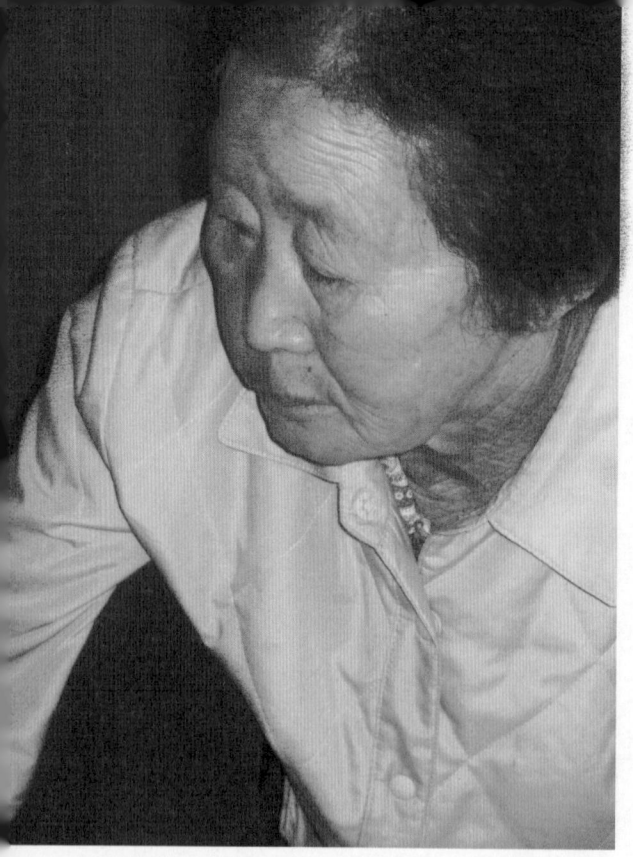

　열아홉 살 때까지 숲 깊은 중산간 촌에서 마을 밖에도 잘 나가보지 않았던 김경인은 그 꽃다운 나이에 생애에서 가장 혹독한 경험을 치렀습니다. 그 후유증이 평생을 옭아매어도 김경인은 자신이 왜 그런 일을 겪어야 했는지 몰랐습니다.

〈이야기 다섯〉
# 4·3의 수형에 읊혀

- 김상년, 목포형무소를 거쳐 마포형무소로 가다
- 부원휴, 인천형무소로 가다
- 박춘옥, 전주형무소로 가다
- 송○○, 전주형무소에 있다가 안동형무소로 이송되다
- 김두황, 목포형무소로 가다
- 김경인, 전주형무소에 있다가 서대문형무소로 이송되다
- 김영주, 대구·부산형무소를 거쳐 마산형무소로 가다
- 4·3과 수형인

〈이야기 다섯〉

# 4·3의 수형에 옮혀

## 김상년, 목포형무소를 거쳐 마포형무소로 가다

군함에 태워져 겨울바다를 건넌 김상년이 내린 곳은 목포항이었습니다. 그곳에서 바로 목포형무소로 끌려가 1주일쯤 있다가 다시 기차에 태워졌습니다.

"그때까지 내가 몇 년 형을 받았는지도 몰랐어요. 목포형무소에서 서울 마포형무소로 갔는데, 거기서 '김상년 무기금고' 하니까 무기금고인 거 알았지요. '무기'라면 기한이 없다는 건데, 징역두 아니고 '금고'라고. 징역은 일을 시키지만 금고는 일도 안 시켜요. 꼼짝없이 가둬놓고 중죄인 취급이죠."

한 방에 열 명이 들어갔습니다. 잘 때는 겹쳐서 누워야 할 정도로 좁은 방이었습니다. 하루에 세 번 구멍으로 콩밥을 들여 줘서 받아먹게 했습니다. 낮에 잠깐 형무소 마당에 내보내 가벼운 운동시킬 때 빼고는 하루 종일 가만히 앉아 있어야 했습니다. 처음 얼마동안은 견딜만했습니다. 재심이 있을 거라는 얘기도 돌았고, 가족들이 있으니 어떻게든 방법을 찾을 수 있을 것 같았기 때문입니다.

"마당에 운동하러 나갈 때마다 사람들 수가 자꾸 많아져요. 죄수들이 계속 들어온 것이죠. 그 틈에서 어느 날 큰형 아들인 조카를 만났어요. 조카까지 잡혀왔으니 참 기가 막힌 노릇이죠. 그런데 그 애가 더 기막힌 말을 해요. '삼촌, 할아버지 할머니 돌아가시고 둘째 삼촌도 돌아가셨어요.' 그러는 거야."

아들이 갑자기 잡혀갔다는 말만 들었을 뿐 어디로 갔는지 어떻게 됐는지 알 길 없었던 김상년의 아버지와 어머니는 아들을 찾으러 이호바닷가로 갔다고 합니다.

"잡아간 사람들을 많이 이호바다 모래밭에 데려다 총으로 쏴 죽여 버렸다고 하니까, '내 아들놈이 여기 있지 않은가' 해서 시체머리를 하나씩 들어보면서 찾으러 다녔다고 해요. 그런 뒤에 전부 산에 올라가라고 하니까, 산에도 아주 높이 올라간 모양이에요. 아버지는 위장병으로 건강이 좋지 않은 대다가 산에 올라가 고생하다보니 거기서 돌아가셔버린 거예요. 어머니는 아버지 돌아가시니까 정신을 놔버리신 거 같아. 산속을 뛰어다니다가 사고로 가시덤불 속에서 돌아가셨다는 거야. 둘째형은 눈은 뜨고 있지만 보이질 않았어요. 열여섯 살 때부터 그리 됐어요. 보이지 않으니까, 부모님이 산에 올라갈 때, 가다가 굴이 있으니까 작은형을 굴속에 감춰두고 갔단 말입니다. 그걸 총으로 쏴서 죽여 버린 것이지요. 그러니 한꺼번에…. 그런 비참한 현실이 어디 있어요? 그런 얘기를 들으니 하도 기가 막혀서 눈물도 안 나와."

억장이 무너져 내린 가슴으로 피눈물을 삼켜야 했습니다. 살아서 돌아갈 거라는 생각도 할 수 없었지만, 살아서 돌아간들 뭘 할 것인가, 그저 캄캄하기만 했습니다. 아이와 아내는, 다른 가족들은 또 어떻게 됐을는지…. 모든 게 캄캄하기만 한데, 산 것도 아니고 죽은 것도 아닌 채로 기한 없이 지낼 살 생각을 하니 미쳐버릴 것 같았습니다.

1950년 여름 어느 날 아침, 김상년은 바깥 낌새가 이상해 감방 창밖을 내다보았습니다.

"인공기가 막 달아져 있더라고요. 6·25가 일어났던 건데, 감방 안에 있던 우리는 아무것도 몰랐지요. 조금 있으니까 인민군 탱크가 형무소 정문을 부수고 들어왔습니다. 간수들은 다 도망가 버렸어요. 인민군이 수감자들을 다 나오라고 합디다. 형무소 안에 물통 같은 못이 있었어요. 형무소 나오기 전에 인민군이 수감자 한 사람을 거기다가 빠트려 죽여 버리는 걸 봤습니다. 그 수감자가 형무소 안에서 나쁜 짓을 해서 그랬는가 어쨌는가는 모르겠어."

수감자들과 함께 마포형무소 밖으로 나온 김상년은 서울시청 앞으로 갔습니다.

## 부원휴, 인천형무소로 가다

제주항에서 화물선 밑창에 실려 겨울바다를 건넌 부원휴가 닿은 곳도 목포항이었습니다. 부두에 내리니 싸한 추위가 가뜩이나 불안한 마음과 지친 몸을 더욱 움츠러들게 했습니다. 부원휴 또래의 젊은이들은 트럭에 태워졌습니다. '죽이러 가나보다'는 생각이 떠나지를 않았습니다. 불안과 공포와 추위가 범벅이 되어 온몸을 벌벌 떨리게 했습니다.

"트럭에 태워서 목포역으로 가더라고. 그제야 목포인 걸 알았어요. 거기서 기차에 태워졌는데 어디 가는지 전혀 얘기를 안 해줘요. 하루 종일 기차 타고 가서 내리니까 트럭에 태우고 또 어디론가 가요. 그때까지도 그곳이 어디인 줄 몰랐어요. 막 찬바람이 불고 목포보다 더 추워. 얼마나 가니까 큰 대문이 쫙 열리더니 트럭이 그 안으로 들어가요."

그때 '인천소년형무소'라 쓰인 간판이 부원휴의 시야에 들어왔습니다. 부원휴는 그제야 그곳이 인천이라는 걸 알았다고 합니다.

"트럭에서 내리게 하더니 형무소 운동장에 다 앉으라고 해요. 한참 있으니까, 제주에서 인도해간 경찰관 같은데, 그 사람이 이름을 하나씩 부르면서 누구는 몇 년, 누구는 몇 년 그러더라고. 그때야 내가 '금고 1년'이라는 걸 알았지요. 그때는 금고라고 하대요. 징역이 아니고, 금고 1년 5년 7년 15년 20년 이렇게…. 농업학교 천막에 같이 있다가 간 동네 학생들도 1년을 받았어요. 아이구 우리는 살았구나 했어요. 제일 경미한 1년짜리니까."

수인번호도 8번, 9번, 10번을 차례로 받았습니다. 부원휴의 수인번호는 10번이었습니다.

"제주사람 다섯 명이 같은 방에 들어갔어요. 우리 동네 셋은 학생들이고, 한 사람은 이호사람인데 학교는 안 다녔다는데 한글 정도는 아는 사람이고, 또 한 사람은 일자무식 아무것도 모르는 사람이었어요. 젊으니까 무조건 잡아다 놓은 것이지요."

　방은 1층에 있었습니다. 유리창이 있어 캄캄하지는 않았지만 유리창 너머 둘러쳐있는 철장이 가슴을 옭죄는 듯했습니다. 마루로 된 바닥은 얼음장처럼 시렸습니다.

"그때는 유난히 추웠어요. 유리가 꽁꽁 얼어서 얼음이 박혀가지고 창밖이 안 보여요. 담요 주니까 깔고 덮고 누웠는데 바닥 마루 틈새로 찬바람이 술술 들어오고 너무 추워서 잠이 안 와요. 다섯 사람이 똘똘 몸 붙여서 잤죠. 아침 여섯 시 되면 기상해서 점호 받고 저녁에도 점호 받고. 식사는 구멍으로 하루 세 번 줬던 거 같아. 도장으로 꽉 찍어진 3등 밥을 줬는데, 물컵보다 조금 크나 마나 해요. 반찬은 뭐 없어요. 깍두기처럼 썬 무 소금에 버무린 거. 늘 배가 고팠지요. 기념일, 3·1절이랄지 국가의 경축일에는 고깃국물이라는 거 좀 주대요. 고기는 든 것도 없고 고기국물만 줬는데, 그거라도 상당히 맛있었던 기억이 나요."

　한참 먹을 나이의 피 끓는 청춘들이 주린 배를 끌어안은 채 아무것도 못하고 방안에 하루 종일 가만히 앉아있으려니 여간 고역이 아니었습니다.

"그렇게 앉아서 지나온 얘기들을 해요. 고생한 얘기도 했지만 배고프니까 뭐 먹었던 얘기들을 주로 하더라고. 아, 이거 오늘 며칠이니까 우리 집 제삿날이다, 집에서 무슨 음식하고 있을 거다, 그거 먹었던 얘기, 무슨 날에는 뭐 먹었다는 얘기…."

간혹 일주일에 한 번 정도는 운동을 시켰습니다. 그나마 날씨가 맑아야 했고, 운동이라야 운동장을 한 번 왔다갔다하는 게 전부였지만 바깥 공기를 만날 수 있다는 것만으로도 좋았다고 합니다. 일주일에 한 번씩 강당에 모이게 해서 목사가 설교해주는 시간도 있었습니다. 부원휴는 종교가 없었지만 방 밖으로 나갈 수 있어서 그 시간을 기다리곤 했습니다.

"그 시간들 외에는 딱 가둬놔 버리니까. 방안에서 유리창 밖으로 내다보면 청소하느라고 왔다갔다하는 사람들이 보여요. 그 사람들이 부러워. 저렇게 청소라도 시켜주면 좋겠더라고요. 그 안에서 '아, 밖에서 자연공기를 마시고 일하는 게 얼마나 행복한 것인가' 새삼 느꼈어요. 일이라도 시켜줬으면 좋겠는데 안 시켜주니까."

유리창 밖으로 기합 받는 사람들도 보였습니다.

"난 받은 적 없지만, 밖에 꿇어앉히고 기합 주는 거 여러 번 봤죠. 그 추운데 꿇어앉아서 못 견뎌하는 거, 보기만 해도 춥고 괴로워. 꿇어앉히기만 하나, 막 때리기도 하고."

어느 날, 부원휴는 화장실에 갔다가 이상한 분위기를 느끼게 됩니다.

"공동화장실이었는데, 사람들이 곱똥이라고 피고름 섞인 똥을 막 싸대요. 이질이 도는 거예요. 그때 영양실조 걸린 사람이 많았어요. 거의 다 그랬지 뭐. 그러니까 이질 걸린 거죠. 우리 방에 같이 있는 사람 중에 아픈 사람은 없었어요."

얼마 뒤 사람들이 죽어나가기 시작했습니다.

"죽은 사람 실어 나르는 게 유리창 밖으로 보였어요. 동산으로 나가는 것도 보이고. 그때 이질 걸려서 많이 죽어나갔어요."

저 멀리 보리밭도 보였습니다. 보리밭 사이로 사람들이 걸어가는 것도 보였습니다. 고향에서 보던 익숙한 풍경에 눈시울이 뜨거워지곤 했습니다.

"정말 옛날 생각이 참 많이 나죠. 어머니 생각나고 형님 생각나고. 그때 엽서 한 장씩 주면서 편지하라고 해서 한 번 보내본 기억이 나요. 1년형 받았으니까 원래는 12월 15일에 나올 건데, 재형성적 우수하다고 두 달 감해줘서 10개월 사니까 석방시켜 주대요. 석방증명서 주고. 소장 이름도 생각나요, 최양옥."

부원휴는 1949년 10월 15일 석방됐습니다.

## 박춘옥, 전주형무소로 가다

두 살 된 아들을 안고 목포항에 내린 박춘옥은 다 빠져버린 기운을 추슬러 아이 안은 팔에 힘을 주었습니다. 함께 탄 도두리 여자의 아기가 죽었다고 하자 항구 방파제 위에다 버리라고 했기 때문입니다. 그날 목포항에는 눈이 엄청나게 쌓여있었습니다. 도두리 여자는 눈 쌓인 방파제 위에 아기를 놓아두고 멍한 얼굴로 돌아섰습니다.

목포에서 전주로 가는 기차에 태워진 박춘옥은 자신의 아이도 어떻게 돼버릴 것만 같아 가슴을 졸였습니다. 아이는 축 늘어져 있어 자는 것인지 정신을 잃은 것인지 알 수가 없었습니다.

"아기 코에다 손을 대고 숨이 안 느껴지면 죽었나보다 가슴이 철렁했다가 다시 숨이 느껴지면 살아있구나 안도했다가…. 몇 번을 그렇게 했는지 몰라요. 전주형무소에 가니까 죽을 끓여줍디다. 그거 몇 숟가락 먹이니까 아기가 눈을 조금 떠요. 그동안 너무 못 먹어서 늘어져있었던 거야."

박춘옥 말고도 아이를 데리고 온 엄마들이 많았습니다.

"밥은 기계로 딱 찍은 게 나오는데 아기엄마들은 밥을 좀 높게 해서 주더라고. 방도 제주도 유치장에 있을 때보다 훨씬 살만하고. 죄수들 옷 만드는 일을 했어요. 나는 바느질했는데, 뜨개질하는 사람도 있고, 재봉틀 할 줄 아는 사람은 재봉틀하고."

두어 달 뒤에 박춘옥은 고향사람들을 만나볼 수 있었습니다.

"어느 날 갑자기 방을 합치라고 하더라고. 무슨 일인가 했더니, 그날 저녁에 해가 노랗게 져가는 데, 제주여자 80명이 들어왔어요. 그중에 아이 데리고 온 사람도 열 몇 명 있고. 가시리 사람도 있을지 모르겠다 싶어서 보니까 대여섯 명이 보여요. 그 사람들은 목욕실로 들어가고, 우리가 우물에서 양동이로 물 떠다 날라줘야 하거든? 물 떠가서 비우면서 한 번 말하고, 또 물 떠가서 한 번 말하고 하면서 들어보니 그 사람들 7년을 받았다고 해요. 아, 어떡해서 뭐하다 그렇게 많이 받았냐니까, 매를 많이 맞아서 안 한 것도 했다고 얘기해버리니까 형도 많이 받았다고…. 그렇게 물 떠다주면서 우리 친정어머니도 살아있고 시부모도 살아있다는 얘기를 들었어요."

그 후 그들은 모두 다른 곳으로 이송됐습니다.

"김씨 성을 가진 여자 순경이 있었는데 그 사람한테 물어보니까 서대문형무소로 보낸다고 하더라고요. 아이들은 다 고아원으로 데려갔어요. 전주형무소에 있던 아이들도 마찬가지고. 우리 아기 또래 아이들까지 다 데려갔는데, 우리 아기는 죽었다 살아나서인지 잘 앉지도 못하고 걷지도 못하니까 안 떼어갑디다."

박춘옥은 김 순경이 가장 기억에 남는다고 합니다.

"형무소에서 일하다가 틈나는 시간에 우리보고 노래를 불러보라고 해요. 내가 노래를 잘 불렀거든? 내가 노래 부르면 막 춤추면서 놀고 그랬어요. 그 김 순경이 웃으면서 보더니 숙직할 때 와서 나보고 노래 부르라고 하고 잘한다고 빵도 주고…."

박춘옥은 1949년 가을에 석방됐습니다.

## 송○○, 전주형무소에 있다가 안동형무소로 이송되다

비바람 치는 겨울밤에 제주항에서 배를 타고 바다를 건넌 송○○는 목포항에 내렸습니다. 목포에는 눈이 하얗게 쌓여있었습니다.

"우리 딸 곪아 터진 다리를 기저귀 찢어 묶어서 업고, 나랑 동갑내기 호근리 여자는 죽은 아이를 업고 목포부두에 내렸어. 거기서 남자들은 전부 목포형무소로 끌고 가고, 여자들은 버스에 싣더라고. 전부 묶었지. 가만이나 묶어? 따로 묶지도 않고 줄줄이 묶는 거야. 그 여자들 아이 업고 다 죽게 생겼는데 어딜 도망가겠어. 꽉 묶어버리니까 이놈이거 또 같이 걸어야지. 신발이나 있어? 맨발. 경찰서에서 나올 적에 들어가서 신발들 쭉 벗어놓은 거 다른 사람들 같으면 아무거나 신고 나오지만, 이 고집 많은 것은 남의 거 안 신는다고 그냥 맨발로 나온 거야."

그렇게 송○○를 비롯한 여자들을 태운 버스가 가서 세워진 곳은 경찰서 문 앞이었습니다. 경찰서를 보자 가슴이 덜컥 내려앉았습니다.

"호근리 여자보고 내리라고 해요. 죽은 아이 버리라고. 그 여자, 경찰서 담벼락 옆에 눈 허옇게 쌓인 데다 죽은 아이를 놓고 다시 버스에 올라탔는데 울지도 못하더라고. 버스로 목포역까지 가서 기차를 탔어요. 기차에서 남자 경찰 하나가 호근리 여자보고 하는 소리가 '섭섭히 생각지 마라. 너 또 낳으면 자식 아니냐. 억울하게 생각지 마라' 그러더라고."

송○○가 수감된 곳은 전주형무소였습니다. 파란색 옷을 주면서 갈아입게 하더니 한 방에 열 명씩 들어가게 했습니다.

"세상에 뒷날은 하얀 가루, 이약…, 그걸 온몸에 팍팍 뿌려서 머리도 하얗고, 지금 생각하면 어휴~, 진짜…. 그래도 형무소 들어가니까 살 거 같더라고요. 넓지도 않은 방에 똥통 하나 옆에 있고 그런데도 내 집 온 거 같고, 살 거 같아. 그 방에 제주여자는 나뿐이고, 여수, 순천, 부산 여자, 골고루 다 있었어요. 10년 받은 사람, 20년, 무기 받은 사람도 있고. 나보고 '야, 1년만씩 한 세 뭐냐.' 그러면서 위로해줘요. 다 가족 간더라고. 둘씩 당번 정해서 돌아가면서 똥통 비우러 들고나가는데, 난 임신했다고 그 일은 안 시키더라고요."

그런데 데리고 간 딸아이의 상태가 심상치 않았습니다.

"아이 다리를 치료 받으려고 데리고 갔는데, 살이 다 썩어 골아빠져서 뼈가 허옇게 나온 거야. 형무소 간수가 그걸 보고 울어요. '세상에 이렇게 독한 사람들이 어디 있고, 이거 불쌍해서 어떡하느냐' 하면서…. 치료해봐야 소용 있어? 다리는 썩고 곪을 대로 곪아서 골병들어났는데…. 아이가 아뜩아뜩 죽어가니까 데리고 독방으로 들어가 있으라고 하더니 아이 먹을 거 해서 들여 주더라고요. 아이가 그걸 먹어보기나 했으면 내 가슴이 덜 찢어졌을까? 안고 있다가 깜박해서 봤더니 목숨 떨어진 거야. 저녁 때 안고 나오라고 하더니 형무소 목욕실 욕탕 안 구석에 놓으라고…. 보니까 형무소 공동묘지가 보여요. 남자 하나가 조그마한 관에 담아가지고 둘러메서 그리로 올라가는 거야, 묻으러. 그걸 안에서 봤어요."

그렇게 아이를 보내고 난 뒤 송○○는 심한 무기력증에 빠지고 맙니다. 배가 점점 불러 오자 뱃속의 아이를 생각해서 살아야겠다 싶다가도 이렇게 살 거면 살아서 뭐하나 넋을 놓고 지내기 일쑤였습니다.
몇 개월 뒤 전주형무소에 있는 50명이 안동형무소로 이송됐습니다.

"제주에서 사람들을 또 많이 실어왔는데 자리가 없으니까 나처럼 먼저 들어온 사람들은 안동형무소로 옮긴 거야. 참네, 그때 형무소 구경은 잘했어. 전주형무소에 몇 개월 있다가 대구형무소에 가서 하룻밤 자고 안동형무소로 갔으니까. 기차 타고 안동으로 가면서 보니까 벚꽃이 하얗게 피었더라고. 벚꽃 핀 걸 보니까 죽은 아이 생각이 더 나고, 진짜 마음이 힘들어 죽겠더라고. 나는 배가 이만큼 불러 있었지요. 안동형무소에서 놀라더라고요. 임신한 사람을 붙들어왔다고. 아이를 데리고 간 사람들은 많았는데, 얼마 뒤 아이들은 다 고아원으로 떼어 가버렸어요."

전주형무소에서 간 여자 50명은 강당 같은 큰 마루방에서 하룻밤 자고 뒷날부터 죄수들 옷 바느질을 했다고 합니다.

"안동형무소는 방도 넓고 화장실도 따로 있고…, 지내기는 전주형무소에 있을 때보다 훨씬 편해지고 좋아졌는데 난 너무 힘들더라고. 내가 왜 이렇게 됐나. 아무것도 귀찮고, 살맛이 안 나요. 시어머니가 데려간 큰아이는 어찌 됐을까, 죽은 아이 불쌍해서 어쩌나. 아이들 생각만 나고. 다른 여자들은 노래 부르고 춤추고 그러기도 하는데, 그것도 좋지 않고."

안동형무소에서 맞은 그해 여름의 어느 날 밤, 송○○는 아이를 낳았습니다.

"큰 강당 같은 마루방에 두꺼운 이부자리를 펴서 한 이불에 두 명, 세 명, 발아래도 눕고, 쭉 누워서 자거든요? 밤에 별안간 배가 아파요. 한쪽 구석으로 가서, 그 사람들 많은데서 아이를 낳은 거야. 제주경찰서에 만난 제주시 여자, 그때 50이 넘었는데 무기를 받고 나랑 전주형무소에 있다가 안동형무소까지 같이 갔거든? 그 양반이 진통하는 나를 같이 붙들어서 아이 받아 주고, 친정엄마처럼 보살펴줬어요."

송○○는 딸을 낳았습니다. 꼬물거리는 새 생명을 들여다보고 있노라니 가슴이 미어졌습니다. 형무소에서 죽은 아이는 무슨 죄고, 형무소에 태어

〈이야기 다섯〉 4·3의 수형에 옭혀 125

난 이 아이는 또 무슨 죄인가? 죽었는지 살았는지 알 길 없는 아이아빠가 괜히 원망스러웠습니다. 그 사람은 또 무슨 죄인가? 나는 왜 이렇게 됐는가? 나는 또 무슨 죄인가, 세상이 원망스러웠습니다.

"간수들이 와서 '야, 이왕에 고생하는 거 아들을 낳지 왜 딸을 낳았느냐'고. 나 속으로 '아들이면 어떻고 딸이면 어때', 자식도 세상도 다 소용 없다는 생각이 들더라고."

송○○는 안동형무소에서 1949년 가을에 석방됐습니다.

### 김두황, 목포형무소로 가다

제주항에서 여객선 밑창에 실려 바다를 건넌 김두황이 내린 곳은 목포항이었습니다.

"처음 들어갈 때 봤던 시멘트 높은 담, 그거 생각나요. 돌담만 보다보니 그런 모양이라. 들어가서야 그곳이 목포형무소라는 걸 알았어요. 51번 붙여진 옷으로 갈아입게 하더니 감방에 들어가라고 해서 들어갔는데, 거기는 넓습디다, 두 평은 될 거라."

제주경찰서 유치장에서 너무나 비좁게 구겨져 지냈던 터라 두 평 남짓한 방도 넓게 느껴졌던 것이지요. 그곳에 열다섯 명 정도가 들어가 있었습니다.

"그 방에 제주사람은 나 혼자였어요. 지내다보니 강도죄로 들어온 사람도 있고 살인죄로 들어온 사람도 있습디다. 통통 옆에 앉으라고는 해도 제주도 유치장에 있던 사람들처럼 막 구박하지는 않더라고."

일주일쯤 지냈을까, '51번'을 부르는 소리에 김두황은 가슴이 철렁 내려앉았습니다. 성산경찰서에서도 제주경찰서에서도 그랬습니다. 자신을 부를 때마다 어디 데려가서 죽이려나보다, 죽음이 코앞으로 다가온 듯한 공포심으로 아득해지곤 했다고 합니다.

"가슴 졸이며 따라갔주. 가보니 목재들 있고 제재기도 있고…. 목공작업장이에요. 아, 죽이려는 건 아닌가보다. 대패질을 하라고 시켜서 했지요. 그게 시험이었던 모양이라. 4·3사건 나기 전에 내가 대패질했던 경험이 있어서 할 줄 알았거든."

다시 감방으로 돌아가 있다가 이삼 일 뒤부터 목공작업장에서 일하기 시작했습니다. 그 뒤로는 작은 방으로 돌아가지 않았습니다. 작업장에서 일하는 사람 100여 명과 함께 저녁 6시가 되면 긴 식탁에 앉아 밥을 먹고 7시쯤에 군대 내무반처럼 넓은 방으로 들어갔습니다. 그리고 그곳에서 머리를 맞대고 줄지어 잤습니다.

"일하기 시작하니까 죽지는 않겠다는 생각이 들어요. 밥도 달라집디다. 알루미늄 깡통 같은 데 도장 꽉 찍어진 밥을 주거든요? 처음에는 넉 사 자 찍어진 4등 밥을 줬는데, 목공 일 하니까 2등 밥을 줘요. 1등 밥은 농장 일하는 사람. 등수에 따라 분량이 달라."

집으로 돌아갈 수 있겠다는 희망도 갖게 됐습니다.

"먼저 들어간 감방 선배들 중에 법을 잘 아는 사람들이 많습디다. 1년 받아도 몇 달이면 간다, 10년 받아도 몇 년이면 간다, 판단을 해줘요. 나보고는 1년 안 돼도 갈 것이다, 그래서 희망이 생긴 것이지요."

아침마다 목공작업장 앞으로 지나가곤 했던 수형인들 틈에서 난산리 사람들 얼굴도 보았습니다.

"간수들은 서서 감시하고, 수형인들이 똥통들 둘러메고 쭉 줄지어서 목공작업장 앞으로 지나가는 시간이 있어요. 고향사람들 얼굴 보이니까 반갑더라고요. 감옥에는 젓가락이 없어요. 내가 억새줄기로 젓가락을 만들어서 간수들 몰래 던져주곤 했어요. 한 50개 이상은 던져줬을 거라."

목공일은 고됐습니다. 그러나 집으로 돌아갈 수 있다는 희망이 있어 견딜만했습니다. 열심히 목공일을 하며 수형생활을 하던 중 김두황은 뜻밖의 사건과 맞닥뜨리게 됩니다.

"여름 지나고 9월 어느 날인가, 저녁식사하고 긴 식탁에 앉아 있었어요. 보충식으로 누룽지밥이 나오는데 그거 먹으려고…. 누룽지 기다리며 앉아 있는데 와당탕 소리가 나요. 깜짝 놀랐죠. 어리둥절해 있다가 가만히 보니까 공장 대문이 열려있는 거라. 대문이 큰 차 들어갈 정도로 컵주. 그 문이 열어져가지고 와르르 하고 다 나가버리는 거라. 그걸 보면서도 멍~하니 아무 생각도 안 나요. 이상하다, 이상하다는 생각이 들면서도 뭐가 뭔지는 모르겠어. 나도 나가야하는 건가, 아닌가, 어쩌나. 나도 나갈까 해서 문 밖에 나갔다가 도로 들어왔어요. 조금 있으니까 총알이 막 내려오는 거라. 팡팡 내려오는데 갈 데가 없는 거라. 기계 아래 바닥에 굽어도 안 되고 해서 화장실에 가서 숨었어요. 구멍으로 보니까 경찰들이 들어와서 막 격투가 벌어지고, '무기고는 이미 열렸다' 뭐 이런 소리도 들리고 난리야. 조금 있으니 화장실에도 총알이 막 내려와. 막 기어가지고 나 따라서 온 대여섯 명이랑 같이 지하실로 내려가 숨어있었어요. 아무래도 두 시간 이상은 그랬던 같아요."

김두황이 겪은 이 일은 1949년 9월 14일 재소자 400여 명이 형무소 내 무기고를 습격하고 무장한 채 탈옥했다는, 이른 바 '목포형무소 탈옥사건'입니다.

이 사건에 대해 군경합동사령부가 9월 15일 발표한 요지는 이렇습니다.

> 사고 당시 수용인원 수는 1,421명이었는데, 탈옥 폭동에 참가한 죄수는 1,000명이었다. 그 후 군경합동 공격으로 500명은 즉시 진압되고 353명은 완전히 탈옥했다.

당시 국내 신문과, 미국대사관이 본국 국무성에 보낸 자료에는 '대부분의 탈옥자들이 제주도 반란사건으로 복역 중에 있던 정치범'들이라고 했습니다.

1949년 10월 4일 국회 본회의 답변에서 당시 법무부 장관은 사건 당일의 상황에 대해 다음과 같이 보고합니다.

> 14일 오후 5시 밭에서 경작하는 죄수 122명이 형무소에 들어와서 … 그 사람들을 모두 목욕시키고 저녁밥을 먹였습니다. 저녁밥을 먹인 122명이 '와아' 하고 소리를 질렀는데, 그때에 목포형무소의 간수는 180명이었지만 결원이 있어서 한 160명이 있고, 그때에 경호하고 있던 사람은 겨우 99명이었습니다.
>
> 아시는 바와 같이 오후 5시가 되면 각 죄수를 밥을 먹여서 감방으로 넣습니다. 감방에 넣기 때문에, 각 공장에 있는 공장별로 신체검사를 하고 또 밖에 나갔던 사람은 목욕을 시키고 밥을 먹여가지고 각 감방에 집어넣는 작업을 하고 있는 까닭에 사방에 형무관이 흩어져 있었던 것입니다.
>
> 밭에 나갔던 122명의 죄수가 '와아' 소리를 치고서 곧 형무관이 쫓아나갔습니다. 그때 계호과 사무실에는 계호과장하고 간수 두 사람하고 세 사람이 있었습니다. 그 간수 세 사람이 있었는데 122명이 '와아' 소리를 지르고 달려 들어가니까 계호과장이 먼저 권총을 가지고 쏘아서 한 사람이 죽었는데 … 한 사람은 쓰러져 죽고 두 사람은 혼수상태로 되어있었습니다. 그래서 거기 있던 죄수들이 무기 3, 4정을 가지고 총질을 하고 야단을 치니까 제6감방 제5감방에서도 떠들어대서 따른 사람이 한 700명가량 된 것 같습니다. 그러는 중에 또 미결감방의 열쇠를 어기고 문을 열고 한 70여 명이 나왔습니다. … 계호과 옆에 있는 무기고를 잡아들어서 무기 14정을 집어내가지고 나와서 소동을 했습니다. 형무관은 또 그대로 거기 있지 않고 조망

대에 있던 사람과 또 다른 데에 있던 사람이 서로 총을 가지고 응전을 해서 형무소 안에서 죄수 58명을 쏘아 죽이고 형무관 5명이 맞아죽었습니다. 또 중상자가 5명이 났는데 한 사람은 그 이튿날 죽었습니다. … 총 두 자루하고 탄환 여덟 방을 가지고 응전을 하기는 했는데 정문은 파괴를 당하지 않고 몇 명 달아나기는 달아났습니다만 … 그리고 북문을 차고서 달아났는데 58명이 죽고, 달아나기를 353명이 남았습니다.

그리고 군에서는 그 말을 듣고 경찰에서도 그 말을 듣고서 곧 형무소로 오지를 않고 죄수가 도망간 앞을 질러가서 포위를 했습니다. 소란이 일어날 당시에 형무관은 형무소만 지켜라, 시가지는 경관하고 청년단체하고 또 민보단이 맡아라, 또 도망간 데에는 군이 맡는다, 그렇게 3대로 나눠가지고 진정을 하기 시작했습니다. 형무소 안에는 그날 오후 7시에 진정이 되었고 대부분은 형무소 북편 쪽에 공동묘지가 있는데 그 공동묘지를 넘어서 달아났고, 일부분은 해변을 좇아서 달아났고, 시가지로 달아나는 형편에 있었습니다.

**그리고 이 사건의 원인을 다음과 같이 지적합니다.**

목포형무소 사건의 첫째 원인은 죄수들에게 대우를 잘못한 점입니다. 목포형무소는 600명밖에 수용 못할 곳을 문제 당시에는 1,421명을 수용했었습니다. 그런 까닭에 형무소에 있는 사람들은 앉아서 잘 수밖에 없었고 누워서 잘 처지가 못 되었습니다. 한 방에다가 30~40명을 둔 예도 있습니다. 그러니까 그 사람들은 '우리는 잘 수도 없다, 먹을 수도 없다, 이런 형편에 있으니까 우리는 죽을 처지에 있으니까 기왕 죽을 바에는 어떠한 일이든지

하자'고 해서 이런 일을 한 것 같습니다.

그날 김두황은 전쟁이 터졌나보다 생각했다고 합니다.

"그날 밤 허리띠 풀어 검신하고 입방하라고 해서 입방해 보니까 우리 방은 100여 명이었던 사람 중에 열 명쯤밖에 남아있지 않았어요. 남은 사람은 이틀 밤 사흘을 꿇어앉혀 놓더라고요. 먹을 것도 안 주고 잠도 안 재우고…. 그러더니 한 명씩 불러서 조사했어요. 조사 받은 뒤 독방으로 간 사람도 있고, 나는 조사 받고 다시 공장으로 가서 일했어요."

그 일이 있고 난 뒤 형무소에서 난산리 사람은 한 사람도 보이지 않았고, 훗날 돌아온 사람도 없었다고 합니다.
김두황은 1950년 2월 10일 출소했습니다.

## 김경인, 전주형무소에 있다가 서대문형무소로 이송되다

1949년 화물배의 캄캄한 밑창에 실려 여름바다를 건넌 김경인이 닿은 곳은 목포항이었습니다. 주변이 배 밑창만큼이나 캄캄했습니다.

"밤중에 내렸어요. 그곳이 어딘 줄 어디로 가는 줄도 몰랐어요. 가라 그러면 가고, 오라 그러면 오고. 따라만 간 거주."

형무소에 들어가서야 자신이 간 곳이 '전주형무소'라는 걸 알았다고 합니다.

"전주형무소에 가니까 통으로 된 파란 옷 줍디다. 우리 마을 여자들도 예닐곱 명 있었어요. 전주형무소에서 한 달 있다가 기차 타고 서울 서대문형무소로 갔습니다. 서대문형무소에서는 윗옷하고 바지 줘서 입었는데, 내 번호는 7480번. 전주 번호는 몰라도 서대문 번호는 7480번이 확실해. 전주형무소는 작은 방에 여럿이 들어가 있어서 좁았는데, 서대문형무소 방은 좀 큽디다. 내가 있던 방에는 열 명쯤 있었어요. 살인해서 들어왔다는 사람도 있고 할머니도 있고, 각 처에서 들어왔습디다. 우리 마을 여자들은 다른 방으로 가고 내가 있던 방에는 제주사람은 나하고 외도인가 하도인가에서 왔다는 사람이 있었어요. 그 방에서 내가 제일 막내였어요. 다 친하게 지냈어요."

주정공장 수용에서도 그랬지만 산에 숨어 다니면서 하도 고생을 해서인지, 형무소에서의 생활은 차라리 견딜만했습니다.

"다섯 시인가 여섯 시에 기상해요. 방 안에 똥통이 있었거든? 그거 아침에 들고 가서 비워오고. 식사는 딱딱 찍는 밥 아침에 주고 낮에 주면 먹고. 그 외에는 아무것도 안하고 가만히 앉아 있었어요. 일주일에 한 번 한글, 숫자 같은 거 글자 배우러 나가고. 크리스마스 때 그랬는가? 특별할 날에는 고기도 나오고 떡도 나오고…."

가을이 깊어가는 어느 날, 김경인은 얼굴에서 이상한 기운을 느끼기 시작했습니다.

"서대문 형무소에서 두 달쯤 있어졌는가. 얼굴 한쪽이 이상해. 볼에 지네 기어가는 것처럼 뽈뽈뽈 하더니 간지럽고 그냥 아파. 그러다가 붓고 빨개져요. 형무소에 보건소 같은 병원 있습디다. 거기에서 담독인가 뭐 있다고 칼 같은 거 침 같은 걸로 막 찔러서 피를 내줘요. 그래도 낫지 않고 얼굴 한쪽이 퉁퉁 부어서 비뚤어져버렸어요. 얼굴 아프니 울고, 식구들 보고 싶어서 울고, 그래저래 많이 울면서 지내다 형이 다되니까 나왔지요."

김경인은 1950년 4월에 서대문형무소에서 나왔습니다. 그때 함께 갔던 마을 친구 김복실과 같이 석방됐다고 합니다.

《수형인명부》에 의하면 전주형무소에 수감됐던 월평리 출신 여자 수형자는 모두 8명입니다. 그 가운데 징역 1년형을 받은 사람은 김경인·김복실이고, 강순추는 3년형, 김순정·신순옥은 5년형, 강주옥·신수현은 7년형으로 기재되어 있습니다. 이들 가운데 김경인과 김복실만 돌아오고 나머지 사람은 생사를 알 수 없습니다. 그리고 현재 생존해 있는 사람은 김경인뿐입니다.

### 김영주, 대구·부산형무소를 거쳐 마산형무소로 가다

1949년 여름, 제주항에서 배에 실려 부산항에 닿은 김영주는 대구형무소에 수감되었습니다. 무슨 죄목으로 거기를 들어갔는지, 그곳에서 얼마나 지내야 하는지도 모르는 채 해가 바뀌었습니다.

"그때 우리 제주도 사람들이 한 40명 같이 갔어요. 모두 20대 연령인데…. 대구형무소에서는, 창고였던 것 같아. 창고 같은 데서 자고 밥 갖다 주면 먹고. 우리는 일 같은 것도 안 시켜요. 내가 하도 궁금해서 간수장한테 우리가 뭣 때문에 왔는지 물어봤어요. 무슨 이유로 왔는지는 알아야 할 거 아니야. 내가 무슨 사람을 죽인 것도 아니고…. 물어봤더니 '너희들은 국방경비법 33조 32조 위반으로 들어왔다' 이거야. 당시 우리가 국방경비법이 뭔지 압니까? 33조 32조는 또 뭐고. 그게 뭔지 알아야 위반을 했는지 어쨌는지 알지. 하나도 모릅니다, 우리 제주도에서 들어간 사람들은. 그게 무슨 법인지 뭔 소리인지 모른단 말입니다. 간수장, 그 사람이 형무소 관리거든? 그 사람이 우리가 국방경비법 33조 32조 위반으로 들어왔다고 그러면서 '너희들 징역 몇 년인 줄 아냐?' 그러는 거라. 내가 '답답한데 그걸 모르겠습니다' 그랬더니 '이놈들 너네 전부 15년짜리여'…. 그때 처음으로 들었어요. 대구형무소 가서 1년 다 된 그때야 비로소, 그것도 내가 물어봐서 15년 징역형을 받았다는 걸 알았다니까요."

징역 15년이라는 말에 김영주는 어이가 없고 맥이 풀려서 한참동안 멍하니 지냈다고 합니다.

"노대체 내가…, 평민으로 농장에서 소나 기르고 말이나 기르던 사람이 징역을 15년이나 살아야 한다고 그러니…. 15년이라면 15년, 30년이라면 30

년, 죽지 않고 살암시민 바깥세상으로 나가겠지 그런 생각밖에 다른 생각이 하나도 없어요. 나중에는 기왕 이리 된 거 죽어도 할 수가 없는 거고. 그냥 주는 밥 한 주먹 먹으면 끝나는 거지, 무슨…. 그런 마음으로 지냈지요."

얼마 뒤 제주사람 40명이 모두 트럭에 태워져 부산형무소로 옮겨졌습니다.

"부산형무소 가니까 보통집 안방 반만 한 작은방에 제주사람들 40명 다 들어가고 다른 사람들도 들어가 있었으니까 한 방에 수십 명씩 담아놓은 거지. 벽에는 조그만 창문이 하나 있고, 귀퉁이에 변소통이 하나 있어요. 문짝 아래는 구멍이 두 개 있어. 밥그릇 하나 드나들 만한 조그만 구멍인데 거기로 콩밥 들여 주면 먹고 그랬지요. 어느 날인가, 그 문구멍으로 어떤 간수가 '너희들 전쟁 나서 큰일 났다'는 얘기를 살짝살짝 해줘요. 그러니까 6·25전쟁이 일어났다는 얘기인 것이지요. 우린 6·25 난 지도 몰랐거든."

전쟁이 났다는 소리에 불안했지만 뭐 어떻게 해볼 수도 없으니 그저 불안한 채로 날만 보내고 있었습니다. 창문 밖에서 트럭 소리가 자주 들렸지만, 감시가 심해 함부로 내다볼 수도 없었습니다.

"내가 살그머니 변소 통 위에 올라서서 봤어요. 우린 파란색 옷을 입고 있었는데, 흰 바지저고리 입은 사람들을 차 위에 잔뜩 실었어요. 그건 우리 제주도 사람이 아니고, 육지 사람들인가 봐. 딱 보니까 우리하고는 다르더라고. 차 위에 잔뜩 콱하게 잡듯 실었어. 한 사람이 자리가 없으니까 옆으로 높이 앉았는데 가만히 보니까 엄지손가락 둘을 철사로 딱 묶었어. 그러니 꼼짝을 못하는 거지. 나중에 알고 보니까 다 죽였다는 거야. 그게 죽이러 가는 길이었지."

그 모습을 보고 난 뒤, 간수가 문구멍으로 살그머니 전하는 이야기에 모두들 사색이 되고 말았습니다.

"너네 밑으로 세 방은 벌써 다 갔다 이거야. 갔다는 건 사형을 시켰다 이 말이여. 다음 차례가 우리라는 얘기지요."

김영주가 있는 방 사람들도 모두 트럭에 태워졌습니다. 제주사람들 40명이 모두 한 트럭에 탔습니다.

"묶지는 않고 막 태우더라고요. 이제 죽이러 가는구나. 죽으러 가는 줄 알았지만 서로 말도 못하고 가슴만 먹먹하지, 뭐."

얼마나 갔을까, 김영주 일행을 태운 트럭이 어디론가 들어갔습니다. 김영주 눈에 글자가 딱 들어왔습니다.

"그래도 내가 한자를 아니까, 들어가면서 보니까 '마산형무소'라는 간판이 딱 보이더라고. 아, 우리가 죽진 않겠구나, 했죠. 우린 죽으러 가는 줄 알았는데, 우리 방부디 마산형무소 이감을 시킨 거야."

살았다는 안도감도 잠깐이었습니다. 차라리 죽는 게 낫겠다 싶은 날들이 기다리고 있었습니다.

"마산형무소에서는 두세 평 되는 방에 20명이 들어가 있었어요. 덥다고 옷을 벗지도 못합니다. 만일 그거 벗었다가 걸리면 끌어내다가…. 그러니 홀랑 다 땀으로 젖은 채로, 구석에는 변소통까지 있지. 옆에 앉은 사람들이, 형님동생 하는 처지인데, '야, 우리 이제 죽지는 않는다, 이감돼 왔으니까' 그래요. 죽지 않으나 마나, 내가 '형님, 여기다 끌어다 놓으면 뭘 할 겁니까, 차라리 죽는 게 낫지.' 그랬다니까. 그리고 밥이 안 들어와요. 손가락만한 고구마 하루에 세 개 주면 끝나요. 김규원이라는 형님이 '야, 큰 전쟁은 났다. 났으니까 우리가 까딱하면 죽는 것이고, 먹는 거 탓하지 말자.' 그러더라고. 아무리 배가 고파도 어떡합니까? 고구마또래기 하루 세 개 주는 거 그거 먹으면서 한 사오 개월 보낸 거 같아."

그러는 동안 사람들이 죽어나갔습니다.

"굶어죽는 것이지요. 사람이 산다는 게, 참…. 한 사람 죽으면 구석에 덮어놓거든? 먹을 거 나오면 죽은 사람 몫 모르게 갖다 먹고. 오죽 배가 고프면 그렇게들 했겠어요. 죽으면 그냥 옆으로 밀쳐내부는 거지. 도리가 없어. 죽든지 어쩌든지 이상이 생기면 간수들이 우선 내갑니다. 놔두질 않아요."

전쟁이 끝나도 상황은 달라지지 않았습니다.

"좁은 방에 꼼짝도 못하고 가둬져 있었습니다. 문에 손도 못 댑니다. 그거 손 댔다가는 도주범으로…. 문 딱 잠그고 일도 안 시키고 운동도 일절 안 시켰습니다. 운동이 뭐야? 햇빛도 못 받아 봤어요. 까딱하면 죽는 것이고. 국방경비법이 뭔지도 모르지만 하여간에 그거 위반했다니까 정치범이지. 정치범이라 우리는 범죄가 달라요. 먹는 것도 절도범이라든가 이런 사람들은 생각하고 우리 생각은 안 해요. 그렇게 '15년을 어떻게 살까' 하는 생각밖에 없어요. 배고픈 것도 환장을 합니다. 우리 제주도 아이들 그래서 많이 죽었어요. 다른 사람들은 배가 고파 죽겠다고 하는데, 나는 이상하게도 배고픈 걸 모르겠어요. 모른다기보다 참은 것이지요. 그러면서 생각을 한 것이 뭐냐면, 그 당시 우리 할아버지, 할머니, 아버지, 어머니도 다 살아계셨으니까, 내 머리에 도는 것은, 우리 동생들도 다 있으니까, 죽지 않으면 어떻게든 나가서 부모형제를 만날 수가 있겠지, 배고픈 걸 참아야겠다."

식구들 생각으로도 참기 어려우면 목장을 떠올렸습니다. 푸른 하늘과 거문오름, 그 주변에 펼쳐진 푸른 풀밭을 떠올리고 풀밭에 놓아기르던 소와 말들을 떠올렸습니다. 파도처럼 밀려오는 그리움에 미칠 것 같았지만, 그 그리움으로 힘을 얻기도 했습니다.

"산에 나무 열매 따먹었던 생각, 말 소 뛰어노는 거 자꾸 떠오르고, 가족들 생각, 그것밖에 머릿속에 없었지, 뭐. 마산형무소에서 몇 년 살다보니까, '기술자가 있으면 지원해서 일을 해라' 뭐 그런 게 있었어요. 나는 농사짓고 말 기르는 일밖에 모르는데…."

그러나 김영주는 어떻게든 방 밖으로 나가보고 싶었습니다. 구두 만드는 게 제일 쉬울 거 같아서 덮어놓고 구두를 만들 수 있다고 했습니다.

"그러니까 '그럼 내일부터 나와서 일을 해라' 그러더니 다음날에는 구두 작업장으로 데리고 가는 거라. 거기 가서 엉터리 합격을 해가지고 일하기 시작했지요. 내 옆에서 배워주는 사람 하나, 징역 오래 산 사람이야, 그 사람하고 사오 개월 같이 하다보니까 구두 만드는 기술자가 됐어요."

기술 일을 하는 사람은 '일(一)'자가 찍어진 1등 밥을 줬습니다.

"그걸로 해서 나는 배고프지 않고 지내게 됐지요. 간수들이 자기들 구두 틀어지면 고쳐달라고 합니다. 그거 고쳐주면 수고했다고 저녁때는 주먹밥을 몇 덩어리 줍니다. 주먹밥 네 개고 다섯 개고 주면 그걸 버무려 뭉쳐가지고 방으로 가져갔어요. 제주아이들하고 나눠먹기 위해서. 그거 가져가면 방안에 있는 사람들 막 환장을 하는 거예요. 그렇게 내 거 나눠먹으면서 살다가 석방됐습니다. 전쟁 끝나고 대통령 선거가 있었잖아요? 그때 감면돼서 형이 8년으로 줄어들었습니다. 잡혀가서 8년 만에, 대구형무소, 부산형무소 거쳐서 마산형무소에서 석방이 됐지요."

김영주가 마산형무소에서 석방된 것은 1956년의 일이었습니다.

# 4·3과 수형인

## 일반재판과 수형

　4·3사건과 관련해 일반재판과 군법회의를 거쳐 금고·징역 등의 실형을 받은 사람들은 전국 각지의 형무소로 나누어 보내져 수감생활을 했습니다. 당시 제주도에는 형무소가 없었기 때문이지요.
　일반재판으로 실형을 받은 사람들은 주로 목포형무소와 광주형무소에 수감됐습니다.
　난산리에서 민보단 서기를 보다가 1948년 12월 어느 날 경찰에게 잡혀간 김두황도 1949년 3월경에 일반재판으로 징역 1년을 선고받고 목포형무소로 보내져 수감생활을 했습니다. 김두황은 그해 9월 재소자 400여 명이 형무소 내 무기고를 습격하고 무장한 채 탈옥했다는 이른 바 '목포형무소 탈옥사건'의 현장에서 죽을 고비를 넘겼지만, 형기를 마치고 살아 돌아왔습니다. 김두황이 살아 돌아올 수 있었던 것은 6·25전쟁이 발발하기 전인 1950년 2월에 출소할 수 있었기 때문입니다.
　《제주4·3사건 진상조사 보고서》에 의하면 4·3사건 당시 일반재판으로 징역 2년 이상을 선고받은 장기 수형인은, 서울 출장 제주지방법원 판결 때 40여 명, 광주지방법원 민에서 80여 명, 1949년 이후 1950년 6월까지 제주지방법원 판결에서 80여 명 등 총 200여 명입니다. 그리고 이들 대부분은 목포형무소와 광주형무소에 수감되어 있다가 6·25전쟁을 거치는 가운데 행방불명되고 맙니다.

### 군법회의와 수형인명부

4·3사건 당시 민간인을 대상으로 한 군법회의 관련 내용과 군법회의에 회부된 사람들의 명단은 정부기록보존소가 소장하고 있는 문서, 〈군법회의 명령〉에 기재돼 있습니다.

〈군법회의 명령〉 원본 표지에는 '단기 4281년 12월·단기 4282년 7월(군법회의분) 수형인명부, 제주지방검찰청'이란 글자가 적혀 있다. 이 명부는 원래 제주지방검찰청에서 보관하고 있었지만, 원래 작성 주체는 제주도계엄지구사령부와 수도경비사령부 보병 제2연대였다. 〈군법회의 명령〉에는 위 계엄지구사령부 사령관과 제2연대장의 직인이 찍힌 고등군법회의 명령이 들어있고, 군법회의 피고인 명부가 별지로 첨부되어 있기 때문이다. 〈군법회의 명령〉은 제주지방검찰청에 보관 중이다가 1976년 10월 15일 정부기록보존소로 이관되었다.

《제주4·3사건 진상조사 보고서》가 기록하고 있는 〈군법회의 명령〉 문서에 대한 설명입니다. 명령서에는 설치명령, 공판장소, 죄목(죄과, 범죄사실), 심사장관의 조치, 확인장관의 조치 등이 인쇄돼 있다고 합니다. 그리고 명령서와 함께 별첨돼있는 2,530명(1948년 군법회의분 871명, 1949년 군법회의분 1,659명)의 군법회의 피고인 명부에는 피고인의 인적사항과 항변·판정·판결 항목, 언도일자, 복형장소(형무소) 항목 등으로 나누어져서 표로 작성돼 있다고 합니다. 또한, 사형수들의 명단도 따로 기재돼 있다고 합니다.

군법회의 대상자들은 서울·인천·대전·대구·전주·목포 등 전국 각지 형무소로 나뉘어 이송돼 수감됐습니다. 이들은 1950년 6·25전쟁이 발발하자 각 형무소별로 불순분자 처리방침에 따라 상당수가 총살되었고, 일부는 옥문이 열리면서 사방으로 흩어져서 행방불명됐습니다.

**1948년 군법회의 수형인명부**

《수형인명부》에 기재된 1948년 군법회의 대상자는 871명입니다. 그 가운데 38명은 제주도에서 사형에 처해졌습니다. 그리고 833명은 목포·마포·대구·인천·전주형무소로 분산돼 보내졌습니다.

목포형무소에는 453명이 보내졌는데, 형량과 인원수는 징역 15년 202명, 징역 5년 157명, 징역 3년 4명, 징역 1년 90명 등이었습니다.

무기징역 67명은 복형장소가 기재돼있지 않습니다. 징역 20년으로 기재된 97명 역시 복형장소가 드러나 있지 않습니다.《1949년도 마포형무소 재소자명부》의 기록으로 이들 대부분이 마포형무소에 수감되었음이 확인됐다고 합니다.

19세 이하의 소년들은 인천형무소로 보내졌습니다. 징역 15년 56명, 징역 5년 58명, 징역 1년 52명 등 총 166명입니다.

여성들은 전주형무소로 보내졌습니다. 징역 15년 3명, 징역 5년 7명, 징역 1년 38명 등 총 48명입니다.

김상년, 송○○, 박춘옥, 부원휴는 1948년 군법회의 대상자였습니다.

김상년은 목포형무소에 1수일 있다가 마포형무소에 수감됐습니다. 그는 마포형무소에 가서야 자신의 형량을 알았는데, '무기금고'라고 들었다고 합니다. 그러나 《수형인명부》에는 '징역 20년'으로 기재돼 있습니다. 그리고 언도 일자는 12월 3일로 기재돼 있습니다.

부원휴는 인천형무소에 수감됐습니다. 《수형인명부》에 기재된 언도 일자는 12월 15일, 형량은 징역 1년입니다. 그러나 부원휴 역시 인천형무소에 가서야 자신이 징역 1년이었음을 알았다고 합니다.

그것이 재판인 줄은 몰랐지만 '징역 1년'이라는 소리를 들었다는 박춘옥과 송○○는 전주형무소에 수감됐습니다. 《수형인명부》에는 두 사람 다 12월 29일에 징역 1년을 받은 것으로 기재돼 있습니다.

**1949년 군법회의 수형인명부**

《수형인명부》에 기재된 1949년 군법회의 대상자는 1,659명입니다. 이들 가운데 사형으로 기록된 사람은 345명입니다. 그중 249명이 제주도에서 총살됐습니다. 이 249명을 제외한 1,410명은 목포·마포·대구·대전·인천·전주형무소로 분산돼 보내졌습니다.

무기징역 223명과 사형에서 무기로 감형된 96명 등 319명은 마포형무소로 보내졌습니다. 징역 15년 297명은 대구형무소로 보내지고, 징역 7년 가운데 300명은 대전형무소에, 215명은 목포형무소에 보내졌습니다.

인천형무소로 보내진 19세 이하의 소년은 무기징역 12명, 징역 15년 12명, 징역 7년 170명 등 모두 194명이었습니다.

전주형무소로 보내진 여성은 무기징역 3명, 징역 7년 21명, 징역 5년 13명, 징역 3년 25명, 징역 1년 22명 등 모두 84명이었습니다.

김영주와 김경인은 1949년 군법회의 대상자였습니다.

김영주는 대구형무소에 수감됐었습니다. 《수형인명부》에 김영주의 언도 일자는 7월 2일, 형량은 징역 15년으로 기재돼 있습니다. 그러나 김영주는 자신의 죄목도 형량도 어디로 가는지도 전혀 몰랐다고 했습니다. 그는 형무소에 가서도 몇 달이 지난 다음에야 간수에게 물어 자신이 징역15년형을 받았다는 걸 알았다고 합니다.

## 이 형무소에서 저 형무소로

  군법회의 대상자 가운데 마포·대전·인천형무소 재소자는 거의 이동이 없었지만 다른 형무소 재소자들은 형무소의 사정과 기타 사유에 따라 다른 형무소로 이송되기도 했습니다. 당시의 상황을 《제주4·3사건 진상조사 보고서》를 통해 간추려보겠습니다.

  1948년 군법회의 수형인명부에 복형장소가 기재되어 있지 않은 무기징역 67명은 목포형무소에 2개월 정도 수감돼 있다가 대구형무소와 기타 형무소로 이송됐습니다. 이들 가운데 24명은 《1949년도 대구형무소 재소자명부》에 1949년 3월 4일에 대구형무소에 이송됐다는 기록이 있습니다.

  징역 15년 202명은 《1948·1949년도 대구형무소 재소자명부》에 재소중이라고 기재돼 있습니다. 이들 역시 목포형무소에 수감되었다가 얼마 뒤 대구형무소로 이송된 것이지요.

  징역 10년과 5년을 받은 사람 가운데 일부는 김천형무소로 옮겨졌다가 1950년 4월 28일 부천형무소로 이송됐습니다. 목포형무소에서 진주형무소로 이송된 사람들두 일부 있었습니다.

  대구형무소에 있던 10여 명은 1950년 1월 14일과 17일에 부산형무소로 이송됐습니다.

전주형무소에 수감됐던 사람들 중 일부는 수형인들이 계속 들어오는 바람에 형무소가 비좁아져서 1949년 4월 안동형무소로 옮겨졌습니다. 송○○가 안동형무소로 이송된 것이 이때입니다.

1949년 군법회의로 대구형무소에 수감된 재소자 300명 대부분은 1950년 1월 17일과 20일에 부산형무소로 이송됐습니다. 그 가운데 150여 명이 10월 3일에 마산형무소로 옮겨졌습니다. 김영주 역시 대구형무소에서 부산형무소로 옮겨졌다가 다시 마산형무소로 이송됐습니다.

전주형무소에 수감된 200여 명의 여성 재소자들은 수감 한 달 만에 대부분 서대문형무소로 옮겨졌습니다. 김경인 역시 전주형무소에서 서대문형무소로 이송됩니다.

### 이렇게 죽고 저렇게 사라지고

4·3사건과 관련해 '갇힌 몸'이 되었던 재소자들은 김두황, 박춘옥, 송○○, 부원휴 등의 경우처럼 형기를 채우고 석방되기도 하고, 김상년의 경우처럼 인민군에 의해 출소되기도 했지만, 영영 돌아오지 못한 사람들이 더 많습니다. 형무소의 열악한 수감환경 때문에 옥사하기도 하고, 1950년 6·25전쟁이 발발하자 형무소별로 몰살당하거나 행방불명돼버린 것이지요.

부원휴가 들려준 '인천형무소에 이질이 돌아 죽어나가는 재소자들' 이야기, 김영주가 들려준 '마산형무소에서의 굶어 죽어 나가는 재소자들' 이야기, 김두황이 들려준 '목포형무소 탈옥사건' 이야기 등은 형무소의 열악한 수감환경 때문에 일어난 일이었습니다. 특히 형무소의 과밀 문제는 목포형무소만의 일이 아니었습니다.

  1949년 8월, 전국 19군데 형무소에는 모두 2만4,000여 명의 재소자가 수감되어 있었습니다. 당시 서울신문 기자가 대구·부산·광주·목포·전주·군산·대전 등 7개 형무소를 방문 취재한 결과, 모두 정원을 40~50% 초과해 감방 한 평당 수용자 수는 6~8명인 것으로 나타났습니다. 대구형무소의 경우 1,500명 정원에 3,068명이 수감되어 강당, 창고, 작업장을 모두 감방으로 사용하고 있었다고 합니다.

  김경인 김두황 박춘옥 송○○ 부원휴 김상년 김영주, 일곱 사람 모두 형무소에서 작은 방에 여러 명이 들어가 생활했다고 했습니다. 특히 김영주는 대구형무소에서는 창고에 수감돼 있었고, 부산형무소에서는 보통집 안방 반쪽만한 작은 방에 제주사람들 40명이 다 들어가고 다른 사람들도 들어가 있었으며, 마산형무소에서는 두세 평 되는 방에 20명이 들어가 있었다고 했습니다.

〈이야기 여섯〉
# 살아 돌아왔건만

- 고문 후유증으로 시달리고
- 기막히게 엇갈린 삶 속에서
- 남모르는 멍에를 안고
- 또 잡혀가고, 감시받고
- 비뚤어져버린 얼굴
- 평생을 따라다닌 굴레
- 고향에는 아무것도 없고
- 6·25와 예비검속 그리고 연좌제의 그물

〈이야기 여섯〉

# 살아 돌아왔건만

## 고문후유증으로 시달리고

박춘옥은 1949년 가을에 전주형무소에서 석방됐습니다.

"네 사람이 같이 나왔는데, 한 사람은 고아원에 아이 찾으러 간다고 가고, 두 사람도 어디 친척집인가 간다고 가고, 나 혼자 아기 업고 목포에서 여객선을 탔어요."

제주부두에 내린 박춘옥은 '가시리로 가야 하나' 한참을 망설였습니다.

"4·3 때 당한 일을 생각하니 이가 갈리는 거라. 형무소에서도 그때 일이 떠오를 때미다 가시리가 야속해. 내 다시는 죽어도 가시리 쪽으로는 안 가리라 다짐을 했었거든."

그러나 갈 데가 없었습니다. 시집도 친정도 가시리여서 친척들도 다 가시리에 있었기 때문에 가시리 말고는 다 낯선 곳이었습니다. 세 살짜리 어린 아들을 데리고 낯선 곳에서 살 자신이 없었습니다.

"제주시에서 가시리까지 걸어서 갔어요. 가보니 젊은 남자들이 하나도 없어요. 맨 할망들이라."

죽은 줄 알았는데 살아 돌아온 며느리와 손자를 보며 시부모는 한참을 울었습니다. 남편은 죽었는지 살았는지 여전히 행방을 알 수가 없었습니다. 시집에서 아들을 키우며 시부모와 함께 지냈습니다.

"석방되고 고향에 와서 많이 앓았어요. 정신이 아뜩아뜩하고 온몸이 어디 한 군데 안 아픈 데가 없더니, 머리카락도 다 빠져버리더라고요. 이렇게 죽으려고 그 고생을 했구나…."

박춘옥은 자신이 죽어가고 있다고 생각했습니다. 숨어서 도망 다니느라 굶고, 잡혀서 매 맞고 고문 받고, 만신창이가 된 몸으로 어린아이를 데리고 수감생활을 했으니, 살아있는 것 자체가 기적이었는지도 모릅니다.

"다음 해에 6·25가 났잖아요? 그해 7월 중순쯤 경찰이 와서 나를 가시리 파출소로 또 잡아갔어요. 많이 아플 때이니 몰골이 말이 아니지. 머리카락 다 빠져서 수건 쓰고. 내가 한 1년 수건 쓰고 살았어요. 경찰서에서 뭐라고 했는지 기억도 안 나. 고문은 안 받았어요. 성읍지서에 서너 일 가둬져있다가, 성산지서에 한 2주 가둬져있다가 풀려났지요."

6·25가 끝나고 마을 복구 작업이 진행됐습니다. 박춘옥의 시집에서는 남편의 생일날 제사를 지내기 시작했습니다. 생사를 알 수 없었지만, 죽었을 수도 있는데 제사라도 지내주지 않으면 그 영혼이 굶고 있을 것 같았기 때문입니다.

남편 제사를 지내면서도 박춘옥은 남편이 살아 돌아올 거라 믿고 싶었습니다. 그래서 아픈 몸을 추스르고 아들을 기르며 일 속에 파묻혀 살았습니다.

"남자들이 못살게 굽디다. 젊은 여자가 혼자 사니까…. 스물일곱 살에 재혼했어요. 재혼했는데, 전남편이 꿈에 나왔어. 그 전엔 한 번도 꿈꾼 적 없는데…. 처음엔 그냥 이상하다 생각만 하고 있었는데 또 꿈에 나오는 거라. 내 호적이 거기 있었거든? 그거 옮기고 난 뒤로는 전남편 꿈 안 꿨어요. 그렇게 딱 두 번 꿈에 봤어요. 재혼해서 아이들 또 낳고 농사지으면서 그럭저럭 살았지요. 형무소에 데리고 갔던 아들이 지금 환갑도 훨씬 넘었으니, 세월이 참…."

박춘옥은 그 세월 내내 고문후유증으로 시달렸습니다.

"서귀포경찰서에서 맞은 거 때문에…. 손도 부러져버리고, 갈비뼈도 나가버리고, 허리도 무너져 내렸는데 치료 한 번 못 받아보고 형무소 가서 살았으니 그게 나을 리가 있나. 이 허리는 오므라들어버려 가지고 곧게 펼 수가 없어요. 몸이 젊을 때도 그랬는데, 다 늙은 지금은 더 아플 수밖에 없지요."

## 기막히게 엇갈린 삶 속에서

송○○는 안동형무소에서 1949년 가을에 석방됐습니다.

"열 달 만에 석방됐으니까, 두 달 감해줬나 봐요. 형무소에서 낳은 갓난쟁이 업고 나왔지요. 형무소 들어가기 전에 입었던 옷 빨아가지고 수선해서 입고…. 거기서 돈 조금씩 주더라고요. 그걸로 신발 사 신고…. 그때 제주시 여자들하고 같이 한 열 명쯤 석방됐어요. 몇은 고아원에 아이 찾으러 가고…. 우리 고향사람은 고아원에 아이 찾으러 갔더니 아이가 병나서 고아원에서 죽어버렸더래요. 아이 죽은 줄도 모르고 에미는 살아있었다면서 막 울더라고…."

송○○는 안동에서 기차를 타고 목포로 갔습니다. 목포부두에서 난감한 상황을 만났습니다.

"배를 타려면 석방증명서를 보여야 하는데 그게 없는 거예요. 아무도 안 받아가지고 나온 거야. 목포경찰서에 갔더니 경찰 중에 제주사람이 있더라고요. 그걸 왜 안 받아 왔느냐고…. 그래서 제주시 양반 하나가 안동에 갔다 오기로 했는데, 그 사이에 우리는 있을 데가 없잖아요. 어떡하느냐고 했더니, 목포형무소에 갈 데 없는 사람들이 지내는 데가 있대요. 거기를 가니까 먼저 석방된 사람들이 있더라고. 전주형무소에 같이 있었던 사람들도 전주에서 먼저 석방돼서 거기 있다가 어저께 배로 제주 들어갔다 그러고."

거기서 며칠 지낸 뒤 제주로 들어가는 배를 타기 위해 목포부두로 갔습니다.

"형무소 간수가 부두까지 데려다 줬어요. 그러더니 배에까지 와서 '제주 갔는데 가족들 다 죽어서 아무도 없고 살 형편이 못 되면 살게 해줄 테니까 목포로 나오라'고 해요. 그 말 들으니 불안하더라고. 제주도가 아주 더 난리가 났나보다, 사람들이 얼마나 많이 죽었으면 저런 소리를 하는 건가…."

드디어 바다를 건넜습니다. 열 달 전 비바람 치며 성을 내던 바다는 잔잔했고, 뱃속에 있었던 아기는 세상 밖으로 나와 있었지만, 업고 살았던 이이는 세상에 없었습니다. 아이가 묻혀있을 전주형무소 공동묘지, 거기에 들렀다 올 걸…, 그 을씨년스러운 곳에서 아이가 엄마를 찾으며 울고 있을 것만 같아 가슴 한가운데가 도려내듯 아팠습니다.

"석방돼도 여전히 우울했지요. 살아있다는 게 아무 소용없게 느껴지는 거라. 아이도 죽고 남편도 죽었을 것이고, 마을이 다 불타버렸었는데 어디 가서 무얼 하며 살 수 있겠어요? 가족이라도 만나보고 싶어가지고 꾸역꾸역 가보는 거지. 내가 안쓰러웠는지 제주부두에 내리니까 제주시 양반들이 서로 '우리 집으로 가자, 우리 집으로 가자' 했지만 가족을 찾아봐야 될 거 아니?"

송○○는 갓난쟁이를 업고 제주부두에서 가까운 화북으로 갔습니다.

"우리 샛고모가 화북에 살고 있었거든. 가족들 소식은 들을 수 있었지만 너무 비참했지. 도련에 살던 큰고모도 집이 불타버렸다고 하고, 우리 할아버지도 남원 다 불 타버리니까 딸네 집으로 오셨다가 돌아가셨다잖아. 남동생 하나는 할아버지를 고모네 집으로 모셔다놓고 갔는데 그 길로 행방불명됐다고 하고. 나중에 알았지만 그 동생은 길에서 잡아끌고 가서 마산형무소에 수감됐었나 봐요. 마산형무소에서 병이 나서 다 죽게 됐으니까 데려가라고 연락이 왔다는데 데리러 갈 사람이 있어야 말이지. 거기서 죽어가지고 시체도 못 찾았어요. 그 일 때문에 우리 친정엄마는 돌아가실 때까지 원이 져가지고…. 친정도 집이고 뭐고 다 없어져버려서 남원리 선창가에서 나뭇대기에 의지해서 굶으면서 산다고 하니 거기 갈 수도 없고."

남편은 여전히 행방불명이라고 하고 시어머니도 죽었다고 하고…. 갈 곳이 없는 송○○는 화북 고모 집에서 지냈습니다. 거기도 넉넉하지 못한 형편이라 여간 미안한 게 아니었습니다.

"두 달쯤 지냈나? 추운 날이었어요. 아침에 멀쩡하던 아이가 밤이 되니까 열이 나면서 경기를 하더니 그냥 죽어버리더라고. 형무소에서 태어난 것도 불쌍한데, 한 7개월도 못 살고 죽었으니…. 그거 뱃속에 있을 때 내가 얼마나 혼이 빠지게 놀라고 몇 번이나 죽을 뻔 했잖아요. 그러니 그게 뱃속에서 제대로 컸겠어요? 뱃속에서 놀라면 아이가 경기가 생긴다는 거야. 그렇게 내 품에서 아이 둘이 죽었잖아요. 다음 날은 눈이 허옇게 와서 발이 푹푹 빠지는데…. 한 남자 양반이, 화북 동네 사람이야, 그 사람이 같이 가서 묻어줬어요. 화북에 올라가는데 보니까 죽은 아이들 묻은 데가 있더라고요. 난리에 아이들이 많이 죽어서 묻어놓은 데, 거기에다가 묻었어요."

두 아이를 가슴에 묻은 송○○는 큰딸이 보고 싶어 견딜 수가 없었습니다.

"큰딸을 마지막으로 본 게 제주경찰서로 갔을 때잖아요. 거기서 석방된 시어머니가 아이를 업고 서귀포 예촌까지 걸어갔다는데, 시어머니를 죽여버리는 바람에 우리 아이는 누가 서귀포 월평에 있는 어떤 집에 수양딸로 줘버렸다는 얘기를 들었거든. 제주시에 와서 살던 친구들을 만났는데, 정의 쪽에 가서 고구마라도 받아다가 제주시 장에서 팔면 장사된다고 하니 그거라도 같이 해보자고 해요."

송○○는 귀가 번쩍 했습니다. 큰딸아이가 있는 곳에 갈 수 있겠다고 생각했기 때문입니다. 아이를 찾아 얼굴이라도 볼 수 있을까 싶어 친구들을 따라나섰습니다.

"우리 아이를 수양딸로 데려갔다는 그 집을 찾아갔어요. 수양엄마가 나이가 좀 든 분이었는데, 내가 친엄마라고 했더니 막 화부터 내는 거예요. 엄마 아빠 다 죽었다고 해서 다 죽어가는 아이 길러놓으니까 엄마라고 하면서 찾으러왔다고…."

송○○는 가슴이 미어졌습니다. 눈물이 복받쳐 울면서 얘기했습니다.

"난 엄마라고 해서 찾으러 온 게 아닙니다. 찾아가지도 않을 거지만 찾아간다 해도 기를 형편도 못 됩니다. 그저 살았나 죽었나 얼굴이라도 보러 왔습니다. 그랬더니 그제야 그 수양엄마 얼굴이 조금 편안해지기 시작하는 거라."

그때 송○○는 불현듯 목포부두에서 간수가 '제주에서 살 형편이 못 되면 목포로 나오라'라고 했던 말이 떠올랐습니다. 그래서 '나 이제 제주도 안 살고 목포로 갈 거니까 걱정 말라'는 말을 덧붙였습니다.

"딸 데려갈까 봐 노심초사하는 걸 안심시켜주려고 그러기도 했지만, 제주도에서는 살 수가 없겠구나 하는 생각도 드는 거야. 에라 모르겠다, 목포에라도 나가야겠다 싶더라고."

제주를 떠난다고 하면 수양엄마가 더 안심할 줄 알았는데, 의외로 펄쩍 뛰었다고 합니다.

"아, 뭔 소리 하느냐고. 젊은 여자가 혼자 거기 갔다가 어디로 몸 팔려서 들어가면 어떻게 하려고 그러느냐. 거기 가지 말래는 거야."

그러면서 어떤 남자 이야기를 꺼내더랍니다. '인천에 사는 집안사람인데 그 사람도 혼자가 됐다, 아이들이 있지만 가서 살아라, 지금 잠시 고향에 와 있으니 만나서 같이 인천으로 가라'고 하더랍니다.

"가만히 들어보니까 중신을 하는 거더라고. 그 소리를 들으니 왜 그렇게 내 신세가 서글퍼지던지. 그때 우리 큰딸 아이도 만났는데 나를 무척 낯설어 해요. 친엄마인 줄 알면서도 따르지를 않더라고요. 그것도 기가 막히게 서글프고…."

송○○는 그 집을 나와 의귀리로 향했습니다.

"4·3사건 때 당한 일 때문에 몸서리가 쳐져서 남원 쪽으로는 눈길도 주기 싫었어요. 남편도 없고 시부모님도 죽었다니까 더 가기 싫었지요. 그랬는데 재가하라는 소리에 서글퍼져서, 남편 소식을 손톱만큼이라도 들을 수 있을까 싶어서 거기를 간 거예요."

남편은 여전히 행방불명이었습니다. 틀림없이 죽었을 거라고 했습니다. 그리고 의귀리에 있으면 송○○ 목숨도 위험하다고 했습니다.

"시삼춘 하는 소리가 '조카 여기 있으면 못 살아. 시집가서 다른 데 가 살

아. 시집가지 않으면 죽어.' 그러는 거예요. 시어머니가 두 분 있었거든? 작은 시어머니가 당신이 낳은 딸을 경찰하고 결혼을 시켰대요. 그리고는 시집 재산을 전부 작은 시어머니가 다 차지했다는 거야. 내가 거기 살면 저 사람들이 언제 죽여도 죽여 버리지 못 산다, 시집가서 이름만 하나 정해놓으면 까딱없으니까 시집가라고…."

송○○는 시댁 어른한테까지 다른 데로 시집가라는 소리를 들으니 더 서글퍼졌습니다. 더구나 제주에 살면 목숨까지 위험하다니 기가 막혔습니다. 친정어머니를 찾아갔습니다. 큰 남동생도 행방불명돼버리고, 어머니 혼자 어린 동생들 데리고 집도 없이 이리저리 옮겨 다니며 힘들게 살고 있었습니다. 그러면서도 송○○한테 '여기 있으면 위험하니 얼른 나가라'고 했습니다.

"이건 뭐, 어디 갈 데가 있나. 에따 모르겠다, 다른 데 재가해 가면 내 목숨이라도 살지. 그까짓 거 가서 살다 비윗살 틀어지면 그만두면 되겠네, 목숨이나 살자. 그런 마음이 확 드는 거예요."

송○○는 월평으로 가서 딸아이의 수양엄마가 소개하는 남자를 만났습니다.

"나보다 열한 살 위였어요. 인천에서 철근회사 다니는 사람인데, 상처한 지 얼마 안 됐더라고. 딸 둘하고 다섯 살짜리 아들 하나가 있었어요. 아이들 데리고 고향에 휴가 나왔다가 나를 만난 것이지요. 같이 인천에 가기로 했는데, 나는 증명서가 없어서 갈 수가 없는 거예요. 그 양반이 '증명서해서 보낼 테니 그걸 받아서 오라'고 하면서 아이들만 데리고 먼저 인천으로 떠났어요."

그때가 1950년 5월이었다고 합니다.

"나는 큰딸아이 수양엄마네 집에서 살았어요. 거기 있다가 증명서가 오니까 인천 가려고 준비하는데 6·25가 난 거야. 서로 오도가도 못 하게 된 거지. 인천 양반도 죽었는지 살았는지 알 수 없는 채로 몇 달 지냈어요. 겨울 되니까 그 양반이 아이들 다 데리고 제주로 피난을 왔어요. 인천에서 배타고 한 20일 걸려서 왔대요. 그래서 그 양반 고향집에서 함께 지내게 됐지요."

몇 달 뒤 인천으로 가려고 준비하고 있던 송○○는 몸에서 이상한 기운을 느꼈습니다.

"입덧이었어. 아이가 들어선 거예요. 인천으로 가기 전에 친정집에 들러보려고 남원에 갔는데, 나한테 다른 데 시집가라고 했던 시삼촌을 길에서 만났어요. 그런데 '아이고, 조카 잘 왔어. 조카가 살아있어.' 그러는 거 아니? 세상에~ 전남편이 살아있다는 거라. 어디 살아있느냐니까, 마산형무소에 있다고. 면회 가고 싶으면 가라고."

송○○는 기가 막혔습니다.

"시삼춘은 내가 재가한 거 알고 있었거든? '재가한 지 오래지 않았으니까 도로 나와도 때가 이런 때라 아무 관계없으니까 나오라'고. 나중에 그 사람 한테 재가했었다고 말 안 할 테니까 마산으로 면회 가라고…. 아이가 들어섰는데 어떡해. 시삼춘한테 임신했다고 말도 못하고, '아이고, 난 마산 못가요.' 해놓고는, 친정에 가서 어머니 붙들고 막 울었어요. 우리 어머니도 울고 나도 울고. 그 뒤 인천으로 떠나버렸지요."

그때 송○○의 나이 스물일곱이었습니다. 인천에서 아이들을 낳고 살면서도 한동안은 제주도 생각만 했다고 합니다. 남편에게는 지나온 얘기를 할 수가 없었습니다.

"아이만 낳았다하면 일어나지 못하고 누워있지도 못하고, 일어났다 누웠다…, 이 어깨도 쓰지 못하고, 담이 걸려 가지고…. 고문후유증이지요. 남편한테는 4·3 때 있었던 얘기, 형무소 갔다 왔다는 말도 안 하고 살았어요. 얘기할 수도 없지. 내가 말을 안 해도 그 양반이 제주도 왔다 갔다 하면서 대강 눈치로 안 거야. 어느 날인가는 '당신 제주도 김씨 집에 가서 병 고쳐가지고 오라' 그러더라고. 그러면서도 좋은 약 계속 구해다가 이 병을 고쳐주면서 같이 산 거야. 참 잘해줬어요."

인천에서 딸 셋을 낳고 살다가, 8년 만에 고향에 갔습니다.

"동생이 결혼한다고 해서 갔지요. 가서 전남편에 대한 얘기를 들었어요. 그 양반 팔자도 참 기구해. 죽을 고비 여러 번 넘기고 마산형무소에서 석방돼 집에 갔는데 색시도 없지, 아기도 없지, 어머니는 죽어버렸지, 재산은 전부 작은 어머니 가져가버렸지, 환장해질 거 아니? 홧병이 난 거야. 내가 재가했다니까 그 양반도 재혼해서 남매 낳고 살고 있더라고."

고향에서 송○○는 전남편을 만났습니다. 출장 다녀온다고 나간 뒤로 11년 만이었습니다.

"스물네 살 때 헤어졌는데 서른여섯 살에 본 거라. 서로 멍하니…. 기가 막히지. 서로 그냥 한이 맺혀 있는 거야. 내가 그동안 겪은 얘기를 다했지. 그러고 나서 인천으로 돌아온 뒤로는 못 봤는데, 소식은 듣고 있었어요. 그 양반, 나를 만나보고 난 뒤 의귀리 가서 술 마시고 '○○한테 왜 시집가라고 했느냐'며 난리를 쳤대요. 그때 그러고서부터 그냥 술만 먹고, 밤엔 술 먹고 들어와서 내 이름만 부르면서 울고 주정을 하니까 재혼한 여자는 기분 나쁘다고 안 산 거야. 또 다른 여자 와서 낳은 아들들이 지금 그 집안일을 다 보고 있다고 해요. 의귀리 그 양반 결국 홧병 나고 술병 나서 마흔 일곱 젊은 나이에 돌아갔어요. 4년 뒤, 나 마흔 아홉에 여기 양반도 암으로 돌아가시고…. 큰딸은 지금 백령도에 살아요. 백령도 남자한테 시집가서. 여기 인천에서 낳은 딸들은 내가 살아온 사연을 잘 몰라요."

## 남모르는 멍에를 안고

1949년 10월 15일, 부원휴는 인천형무소에서 가슴에 수인번호 10번이 붙은 국방색 옷을 벗고 10개월 전에 입었던 교복을 입었습니다.

"교복, 냄새나고 뭐 형편없었지요. 그래도 얼마나 반가운지…. 형무소에서 여비라고 돈을 얼마 줍디다. 그것을 받아들고 고향 친구들하고 같이 석방돼 인천형무소에서 나왔습니다."

당시 형무소 입구는 논밭만 보이는 허허벌판이었다고 합니다. 가슴이 탁 트였습니다. 함께 나온 친구들과 허허벌판을 바라보며 살았다는 것을 확인하듯 깊게 심호흡을 했습니다. 그리고 인가 있는 데까지 걸어 나와서 가게를 보자마자 두부부터 사먹었다고 합니다.

"형무소 안에서 그러대요, 나가면 두부를 먹는 게 전통이라고. 그래야 다시 안 들어온다고. 그레시 두부 사서 먹고, 사람들한테 물으면서 기차역까지 걸어가서 목포 가는 기차를 탔지요."

목포역에 내려 경찰서를 찾아가 신고하고 목포항으로 갔습니다. 부둣가에 있는 한 식당 앞에 발길이 멈춰졌습니다. 밖에 내건 큰솥에서 국이 지글지글 끓고 있었습니다. 그것을 보니 갑자기 허기가 밀려왔습니다. 석방의 기쁨에 들떠 배고픈 것도 잊고 있었던 것이지요. 식당에 들어갔습니다. 그리고 정신없이 먹었습니다.

"국에 밥을 만 국밥이었어요. 돼지내장국밥. 그걸 깨끗이 싹싹 비워먹었어요. 젊은 사람들이 옷도 형편없게 입고 정신없이 먹는 거 보고 불쌍했는지, 어떤 사람이 '아이구, 너희들 고생했다' 그러면서 식당주인한테 반찬이라도 더 갖다 주라고 해서 먹은 기억이 나요. 목포 분 같아요. 그 사람, 누구인지 알면 사례라도 할 텐데…."

배를 타고 바다를 보자 뭐라 설명할 수 없는 감정이 울컥 치밀어 올랐습니다. 묶인 채로 화물선 밑창에 쭈그려 앉아 '살아서 다시 돌아올 수 있을까' 공포에 떨며 건넜던 그 바다를 여객선 타고 다시 건너 제주항에 내렸습니다.

"마을에서 동네사람을 만났는데, '아이구, 살아왔구나', 죽지 않고 산 사람 보인다고…. 마을사람들은 지금도 나 형무소 갔다 온 줄 몰라요. 집에 들어가니까 어머니가 뭐 깜짝 놀라죠. 그때 우리 어머니 60세가 다 된 나이였는데, 나를 붙들고 많이 우셨지요."

집에 돌아왔지만 예전의 몸과 마음이 아니었습니다. 몸은 형편없이 야위어 약해져 있었고 마음은 불안에서 벗어나질 못했습니다.

"학교 복학도 못하고 집에서 휴양했어요. 다음 해에 6·25가 일어났지요. 이제 생각하면 예비검속을 했던 모양이라. 그때 거로에도 출장소가 있었어요. 하루는 그 앞으로 지나가는데 백 순경이라고 육지 사람인데 내게 누구 이름을 물어요. '부원희 아느냐'고. 명단을 전화로 받으니까 이름을 잘 못 알아들었던 모양이라. 육지 사람들은 내 이름을 제라하게 발음 못해요. 발음을 똑바로 하기가 어렵습니다. 그 사람이 내게 '부원희 아느냐'고 하니까, 난 모른다고, 아마 죽었을 거라고 얘기해진 거 같아요. 나중에 보니까 내 이름을 그리 발음했던 거라. 나는 이름 덕에 살았다고 합니다만."

인천형무소에 같이 갔다가 돌아온 세 사람 중에 한 친구는 예비검속으로 또 수감됐었다고 합니다.

"그때 같이 갔다 온 친구들 이름이 김광석, 김병규인데, 김광석은 형무소에서 돌아온 뒤에 건입동에 이사 가서 살았어요. 예비검속 때 본적지로 찾으니까 김광석은 외지에 나가 있었기 때문에 통과됐어요. 광석이는 나중에 서울로 이사 갔는데, 그 후로는 소식 모르고. 김병규, 이 친구는 집안이 쟁쟁해요. 유지에 세도가인데, 4·3 때 형제가 셋이나 죽었어요. 우리 잡혀간 다음에 1949년도 1월인가, 2월 달인가 죽었다고 해요. 김병규가 쌍둥이였는데, 그 쌍둥이 동생하고 김병규 형님하고 누이하고 죽었는데, 왜 죽었느냐 말 들으니까, 누가 모략해버리니까 그랬다고 합니다. 군인들이 총을 막 쏘려고 할 때, 열여덟 살 난 누이동생이 오빠를 안으면서 우리 오빠 죄 없다고 하니까 한꺼번에 팍팍 쏘아버렸대요. 그 김병규란 친구가 예비검속 당해서 3개월인가 수감됐다가 나왔어요. 예비검속 당한 사람들 많이 죽었는데, 그 친구는 집안이 좋으니까 살아서 나온 것이지요. 수감됐다 나와서 군대 갔는데 부상당해서 상이군인이 돼 돌아와서 제주대학에 들어갔어요. 그때는 교직과 나오면 무조건 중학교 교사가 됐는데 그 친구는 안 했어요. 친구들은 집안이 잘 사니까 그런다고…. 그런데 나한테 하는 얘기는 전과 때문에 교사자격증을 못 받았다고 해요. 교사를 안 한 게 아니라 못 한 것이지요. 그리고는 농촌에 파묻히겠다 해서 과수원 만 평 정도 하면서 일만 하다가 위병 걸려가지고 쉰일곱에 돌아갔어요. 나랑 아주 절친했었는데, 참 좋은 친구였는데….”

부원휴는 6·25전쟁 중에 군에 자원입대를 했습니다.

“스물한 살 때, 7월 중순쯤 될 것 같아요. 가택수색도 하고 하도 어지러우니까 군대라도 가야 되겠다 해가지고 자원해 갔죠. 여기 농업학교 제5훈련소에서 훈련을 한 15일 정도 받으나 마나 해서 진해로 갔어요. 육군으로 참전했죠. 맨 처음엔 13연대 2대대 4중대에 배치됐었죠. 호남 쪽에 하다가 그 다음에 육군본부에 보조헌병인가 한다고 해서 그걸 지원하니까 사단 사령부에서 사단본부에 있으라고 해요. 그래서 강원도에 있는 사단본부에 있다가, 그때는 전시니까 행정 보는 사람도 전투에 참여해야 한다고 해서 강원도 고성지구 전투도 참여하고, 제라하게 전투도 했지요. 훈장도 받았습니다. 그때는 중학교 나온 사람은 전부 명단 내라고 해서, 광주보병학교에서

6개월 교육받으면 육군소위 계급을 줬거든요? 그런데 나는 전과가 있으니까 양심상 안 갔어요. 형무소에 갔다 온 전과 때문에 장교 될 기회를 지레 포기한 것이죠."

1953년 12월에 부원휴는 다시 제주로 들어왔습니다.

"12월에 제대해서 왔는데, 제대날짜는 1954년 1월 9일자로 나대요. 그 다음에는 복잡해요. 상당히 복잡합니다. 1954년 3월 1일부로 제주도청에 촉탁으로 취직을 했어요. 우리 형님 덕이죠. 형님이 아는 사람한테 부탁해서 그 사람이 주선해가지고 취직을 하게 됐는데, 이런 얘기를 해도 되는가 모르겠네, 그러니까 취직하려면 신원증명을 해야 하는데, 전과가 있으면 신원증명을 할 수가 없어요. 옛날에는 '금고 이상의 형을 받은 사실이 없음, 금치산자 이런 게 없음' 그래야 신원증명을 할 수 있거든. 그거에 걸릴까봐 제가 1954년도에 본적지를 전적해버렸어요. 그때는 어두울 때여서 주소를 옮기니까 내가 살아난 거예요. 걷어봐 가지고 전과가 없는 걸로 돼가지고. 그때부터 제주시에 살았습니다."

그해 5월에 결혼도 했습니다.

"중매 반, 연애 반 해가지고 5월 18일에 결혼식을 올렸지요. 아내는 신촌 사람인데 나보다 한 살 아래였고 초등학교 교사였어요. 아내는 지금도 내가 형무소 갔다 온 거 잘 모를 거예요. 내가 자세히 얘기를 안했으니까. 결혼해서 아들 셋, 딸 하나를 낳았습니다. 우리 아이들도 나 형무소 갔다 온 거 몰라요. 얘기를 해줄 수가 없었어요. 그게 뭐 좋은 거라고 얘기를 하겠어요?"

부원휴는 도청 교육위원회 학무과에 근무하다가 보훈청으로 전근발령을 받고 1975년까지 보훈청에 근무했습니다.

"보훈청에서 관리직을 맡았습니다. 크게 기대할 수도 없고 불안감도 있고 해서 47세인가, 그만뒀습니다. 그 다음에는 삼성재단에 사무국장으로 근무했죠. 1976년부터 60세까지. 어디에서든 일하는 동안 직접적으로 불이익 당한 것은 없지만 마음에 항상 불안을 가졌죠. 신원 조사할 때마다 통과되려면 남몰래 부탁을 해야 하고, 그럴 때마다 마음을 다치는 거라."

4·3 때 죄지은 거 없이 형무소 갔다 온 것도 억울한데, 직장생활을 하면서 먹고 살려면 그 전과를 숨겨야 하니, 그 과정에서 상처를 많이 받은 것이지요. 4·3의 멍에가 또 다른 멍에를 낳았던 셈입니다.

"그 멍에로 일생을 남모르는 고민 속에 살아온 겁니다. 가족에게조차 얘기할 수 없었어요."

## 또 잡혀가고, 감시받고

1950년 2월 10일 목포형무소. 김두황은 자신의 이름을 부르는 소리에 벌떡 일어났습니다.

"가니까 석방이라고 해요. 죄수복 벗어버리고, 잡혀갔었을 때 입었던 옷 입고 신었던 신발 신고, 형무소 문 밖으로 나갔죠."

그런데 문 앞에서 김두황을 기다리는 사람이 있었습니다.

"간수인데 백씨 성을 가진 사람이었어요. 그 사람이 나보고 자기네 집으로 가자면서 따라오라고 해요. 갔더니 가구 만들어서 파는 가게였는데 거기서 같이 살자고…. 그러더니 뒷날부터 가구 만드는 일을 시켜요."

그 간수는 김두황이 목공작업장에서 일하는 걸 눈여겨 봐두었던 모양입니다. 솜씨가 있는 데다 성실하고 순한 성격이기까지 하니 일 부릴 욕심이 나서 작정을 하고 데려갔던 게 아닌가 싶습니다. 목공일만 시키는 게 아니었습니다. 물표를 가지고 물도 길어오라는 둥 심부름에 허드렛일까지 시켰습니다. 그렇게 일을 시키면서 먹을 것도 잘 주지 않았습니다.

"손 시리고 춥고, 무엇보다 배가 고파서 못 견디겠는 거라…."

아무리 어렵게 살았어도 남의 물건에 손을 대보지 않았는데, 어찌나 배가 고팠던지 깍두기를 훔쳐 먹기도 했습니다. 견디다 못해 집에 가겠다고 하자 간수는 형무소 갈 때 입었던 옷을 내주었습니다.

"도저히 입을 수가 없게 돼버린 그 옷을 입고 가라는 거야. 집에다 옷 보내달라고 편지를 부치고 그거 기다리면서 궤도 만들고 책상도 만들고, 많

이 만들어줬어요. 간수는 그것들 팔아서 돈을 챙기더라고. 얼마나 있다가 집에서 무명에 검은 물들인 양복을 한 벌 보내왔어요. 그걸 입고 이제는 집에 가겠다니까, 그 간수가 '제주에 갔다가 다시 나와서 일을 같이 하자' 그러더라고. 싫다 그랬지요. 그랬더니 딱 배 삯만 줘요."

그렇게 두 달쯤 간수네 집에서 목공일을 해준 김두황은 입었던 옷을 싼 보따리 들고 제주로 가기 위해 부두로 나갔습니다.

"아, 그런데 목포부두에서 첩보대인가 뭐인가한테 체포돼서 목포경찰서로 붙잡혀 간 거라. 머리도 삭발해 있고 품새가 이상하니까 잡아간 거지요.

그때는 뭐 겁도 안 납디다. 사정 이야기를 하고 겨우 풀려나와서 여객선을 탔어요."

집으로 돌아갈 수 없다고 여기며 건넜던 바다를 다시 건너노라니 지난날들이 주마등처럼 스쳐갔습니다. 1년여 동안 겪은 일들이 수십 년 겪은 일인 듯 엄청난 부피와 무게로 꼬리에 꼬리를 물었습니다. 멀리 제주도가 보이기 시작하자 식구들 생각으로 가슴이 먹먹해졌습니다.

"부모님은 어떻게 지냈을까, 집사람은 또 어떻게 살았을까. 부모님보다 집사람이 어떻게 됐나 더 궁금하더라고. 제주시에서 목탄차 타고 난산리까지 왔던 것 같아요. 밭에 고구마 모종이 올라오고 있을 때니까 봄철이라."

김두황은 입었던 옷을 싼 보따리 든 채로 민보단장 집부터 들렀습니다.

"징역 갔다 왔으니 인사부터 드리자는 마음이 듭디다. 추웠는지 불살라서 불만 쬐고 있습디다. 같이 잡혀갔던 사람, 의용대 소대장 그 사람 집에 노인네들만 사는데 거기도 들러서 인사하고 집에 오다보니까 지금 리사무소 상점 앞에 청년들이 서있어요. 거기 가서 인사하니까, 하는 말이 '보도연맹 가입해야 된다.' 그래요. 그때는 그게 뭔가 했습니다."

김두황은 집이 가까워지자 마음이 급해졌습니다.

"담을 뛰어넘어서 집에 들어갔어요. 아버지를 맨 처음 만났지요. 집사람은 나를 기다리면서 살고 있었어요. 결혼하고 한 달도 안 돼 그 사단이 났고, 그때는 그렇게 잡혀가면 다 죽은 걸로 알았으니까 어디 가버렸어도 내가 할 말이 없는데 기다려주니 고맙지. 아버지가 닭도 한 마리 잡아줘서 먹고."

재회의 기쁨도 잠시, 얼마 후 6·25가 일어나자 또 붙들려갔습니다.

"신산지서에서 나를 또 잡아가. 전과자라고 해서. 유치장에 한 달 이상 갇혀 있다가 구장이 신변인수 해줘서 나왔습니다. 나중에 알았지만 모슬포 있던 문형순 서장이 이리로 왔는데, 감옥에 갔다 온 사람들 총살시키라고 명령이 와도 배짱 퉁겨서 안 했다고 합디다. 다행히 그 사람이 와서 우리가 살아남았을 거라."

그 뒤로 김두황은 괜히 남의 눈치만 자꾸 살펴지고 불안해서 견딜 수가 없었습니다.

"유치장에서 나오다보니까 방위군이 조직돼 가지고 여자들도 '하낫, 둘!' 하고 있더라고. 그걸 보니 '아, 내가 한참 퇴보돼버렸구나' 하는 생각이 들기도 하고, 그거라도 하면 좀 덜 불안할까 싶어서 용담까지 해군훈련소에 훈련받으러 한 달 갔다 왔어요. 그리고 성산포지회에 근무를 했지요. 방위군 특공대장도 해나고."

김두황은 그렇게 방위군으로 근무하다가 군대 영장을 받게 됩니다.

"스물다섯에 영장이 나왔어요. 모슬포에서 16주 동안 훈련을 받고 이제 군 복무를 갈까하다보니 하사관 교육대에 들어가서 또 두어 달 훈련 받았어요. 거기 나와서 또 시험보라고 착출돼 버렸어. 거기서 또 두 달 남짓 하다 보니 교육만 1년 넘게 받아버렸어요. 그러고 나서 배치 받은 것이 지금 1군 사령부 정보처. 당시 삼팔선 가까이 광대리라는 데 야전사령부가 있었는데, 거기 천막치고 한두 달 있다가 원주 정보처에 쭉 있었어요."

김두황은 5년 8개월 만에, 서른 살이 돼서야 제대를 했습니다.

"빨리 제대하고 싶었지요. 의가사 제대가 있었습니다. 훈련 받을 때 딸을 하나 낳았는데, 그 딸 하나밖에 없으니까 가족이 모자라가지고 의가사 제대도 해당이 안 돼. 군대에도 공무원이 있지 않습니까? 지원하라 했는데 안 하다보니까 계급도 누락되고, 진급도 안 되고. 겨우 나올 때야 하사계급을 달게 됐어요. 방위군까지 군대생활만 6년 넘게 해 버린 셈이지요. 그 사이에 아들 하나 더 낳았어요."

제대할 즈음 김두황은 난산리를, 아니 제주도 자체를 떠날까도 생각했었다고 합니다. 4·3 때 겪은 일이 몸서리쳐졌고, 전과가 있다는 걸 다 아는 고향마을에서 무슨 일을 하면서 살아갈 수 있을까 심사가 복잡했습니다.

"제대하고 난산리 왔는데, 참 허~해요. 청년들이 많이 죽어버리니까. 마을을 일으켜 세우려면 참 힘들지 않겠습니까? 잡념을 버리자, 마을을 위해 일해야겠다고 결심하고 정착을 했지요. 개발위원회 일을 하고, 이장 일을 하고, 마을을 위해 나름대로 열심히 일했습니다. 물이 없어서 신산리까지 가서 길어다 먹을 때거든요? 수도 가설하고 전기 가설하고. 4·3 아니었으면 여기 안 살았을 거예요. 4·3 때문에 그런저런 소리 안 들으려고 마을을 위해 애쓰고 열심히 일을 하며 살았지요."

그러나 김두황은 4·3 때문에 늘 감시를 받았다고 합니다.

"1966년부터 1968년까지 이장 일을 했는데, 경찰 둘이 총을 가지고 내 방에 와서 같이 잠을 잔적도 있어요. 전과자라고 해서. 그때는 정말 가슴이 찢어집디다. 1970년대 초에는 검찰에 불려가 4·3에 대해 조사를 받았어요. 누가 주모자였느냐, 누가 주모자 말을 들었느냐…. 나 하나 그러는 것도 힘든데, 아들까지 피해를 보니 아주 속상하고 힘들어요. 우리가 아들 셋, 딸 다섯 해서 8남매나 낳았는데, 반은 어릴 때 병으로 잃어버렸어요. 아들 둘, 딸 둘을 가슴에 묻었지요. 아이들 잃으면서 아내는 홧병이 나버렸어. 큰아들하고 딸 셋만 남았는데, 그 아들이 법대를 나와도 연좌제 때문에 아무것도 못했어요. 중소기업 다니다가 그것도 그만 두고…. 아들 생각하면 속상하고 미안하고…. 아들도 말은 안 하지만 속상할 거예요."

## 비뚤어져버린 얼굴

김경인은 1950년 봄에 서대문형무소에서 석방됐습니다.

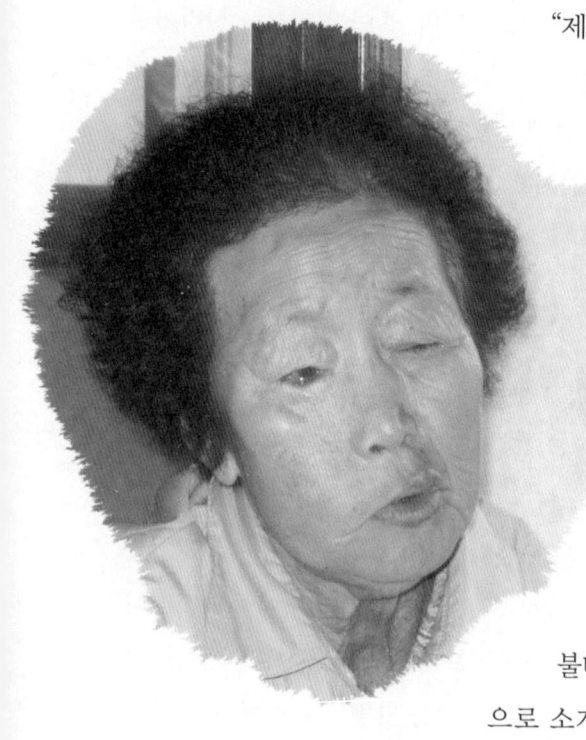

"제주에서 입고 갔던 옷, 그거 내주더라고. 꼴이 말이 아니지. 그걸 입고 석탄차인가 기차인가 타고 목포로 갔는데, 인솔자가 있었던 같아요. 목포항까지 데려다줘서 제주도 가는 배를 탔지요. 제주부두에서 화북까지 걸어서 갔어요."

김경인은 자신이 잡혀가기 전에 아라동 월평 집은 이미 불타버린 걸 봤었고, 식구들은 화북으로 소개돼 가있었기 때문에 화북으로 갔다고 합니다.

"우리 식구들 있다는 집을 찾아 갔는데, 저녁 전이라 그런지 할머니만 있더라고요. 날 보니 기가 막히지. 얼굴 한쪽이 퉁퉁 부어서 비뚤어져 있고, 옷은 거지꼴이고."

어두워지자 식구들이 돌아왔습니다. 다행히 부모 형제가 다 살아있었습니다.

"우리 식구들 모두 참 많이 고생했어요. 집도 남의 집 빌려서 살고, 먹을 것도 부족하고. 내 얼굴은 나아지지가 않았어요. 돈도 없지만, 병원 가는 거 약방 가는 것도 모르고. 침주는 데 가서 침 맞는 게 다였지요. 두 달인가 있다가 6·25가 났지요. 예비검속 때 나는 별일 없었어요. 나랑 전주형무소에 같이 갔다가 돌아온 영평사람은 끌려가서 죽었다고 합니다. 월평 우리 마을에서 형무소 간 사람들 중에는 나하고 김복실 말고는 돌아온 사람 아무도 없어요."

화북에서 살다가 아버지가 삼성혈 부근에 땅을 빌려 집을 짓고 또 얼마간 살았습니다.

"그러다 고향 마을 재건한다니까 월평에 올라와서 아버지가 또 손수 집을 지어 이사해서 살았지요."

험한 한라산을 헤매고 형무소에 갇혀있느라 열아홉 스물의 꽃다운 나이가 지나가버리고, 고왔던 얼굴은 형무소에서 얻은 병으로 비뚤어져버렸으니, 결혼할 나이 앞에 선 처녀 김경인이 겪었을 마음의 고통이 짐작되고도 남습니다.

"누가 중신을 해서 스물다섯 살 때 서로 얼굴도 안 보고 결혼했어요. 신랑은 아라동 사람인데 나보다 세 살 아래…."

신랑은 김경인이 4·3 때 형무소에 갔다 왔고 그곳에서 얼굴이 비뚤어져버렸다는 것도 결혼 전에 이미 알고 있었다고 합니다.

"시아버지도 4·3 때 대구형무소에 갔다고 합디다. 편지도 한 번 왔었다는데, 돌아오지는 못했지요. 시신도 못 찾았어요. 시아버지 성함이 이인봉. 4·3평화공원에 가보니까 비석이 따로 세워져 있습디다. 신랑은 결혼하고 바로 군대 지원해서 가버리고, 나는 스물여섯에 첫 아이 낳고…."

제대하고 돌아온 남편은 술을 많이 마셨다고 합니다.

"군대 가서 술 배워왔주. 빈손으로 월평에 와서 남의 밭 빌려 농사지으면서 힘들게 살았지만 그래도 아들 둘 딸 셋을 낳아 기르며 살았는데, 결국은 술 때문에 20년 전쯤에 간경화로 돌아가 버렸어요. 참 착한 사람이었는데…."

## 평생을 따라다닌 굴레

1950년 여름 인민군에 의해 마포형무소에서 나온 김상년은 서울시청 앞으로 갔습니다.

"인민군이 수감자들을 심사했습니다. 서울시청 앞에서도 하고, 학교에 데려가서도 하고…. 정치범들은 따로 취급했던 것도 같아요."

김상년은 서울시청 앞에서 심사를 받았다고 합니다.

"어떻게 하겠느냐고 물어요. 고향으로 가겠나, 어쩌겠나. 당연히 고향으로 가겠다고 했죠. 그런데 고향으로 그냥 갈 수는 없고 의용군에 입대해서 패잔병들을 소탕하면서 가야된다고 하는 거예요."

고향으로 가기 위해 김상년은 인민의용군에 입대하고 남쪽으로 내려갔습니다.

"나는 교육계에 있었다고 문화업무를 보게 하더라고요. 그래서 전투에 참

여하지는 않았어요. 총을 메지도 않았고. 내려가다가 전라남도 영암에서 허리를 다쳤습니다. 인민군들은 뭣이든지 자급자족을 합디다. 높은 지위에 있건 낮은 지위에 있건 쌀가마니도 메고, 별짓 다 하는데. 나도 쌀가마니 메고 나르다가 허리를 삐끗해가지고 다친 거지요. 거기서 허리를 안 다쳤으면 낙동강까지 가서 낙동강 전투에 갔을 거라. 그랬으면 어찌됐을지 모르죠."

허리를 다친 김상년에게 상급자가 제주도 말고 어디 가까운데 친척 있는 곳이 없느냐고 묻더랍니다.

"당시 형님이 전라남도 광주에 살고 있었거든요? 그 얘길 했더니 광주로 이송됐습니다. 치료가 끝나니까 의용군 훈련소에서 창고 물자 관리를 시키더라고요."

그즈음 '9·28 서울수복'이 됩니다.

"내 인생도 참…, 서울이 수복되니까 산으로 올라가게 됐죠. 이젠 빨치산이 되어버린 거예요. 지리산 무등산 뭐 각 처로 돌아다니면서 빨치산 생활을 했는데, 돌아다니기만 했지 전투를 하거나 뭐 그런 건 없었어요. 살려고 돌아다닌 거지요. 그러다 무등산에서 경찰한데 잡혔어요. 한 열 명이 같이 잡혀서 갇혀있었는데, 가만히 눈치를 보니까 내일이면 다 어디 실어다가 총살해버릴 거 같아요. 이거 까딱 잘못하면 귀신도 모르게 죽겠구나."

이제 죽는 건가, 살 길이 없을까, 고민하던 김상년은 다음 날 자수를 하게 됩니다.

"인민군 경찰서장 하던 사람이 자수를 해서 살았다는 소식을 내가 알고 있었어요. 그 사람도 자수해서 살았다는데, 나도 자수하면 살 길이 있지 않을까, 살 방법을 생각한 것이죠. 자수해서 '앞으로는 대한민국에 이바지하고 충성을 다하겠다'고 맹세하고, 전향한 셈이 된 것이지요. 처가에서 그 당시 한 350만 원을 보내줘 가지고 담당형사에게 집 한 채를 사줬습니다. 나 말고 나머지 사람들은 다 총살당했어요. 나는 눈치 빠르게 자수하면 살 길이 있을 거다 해서 머리를 돌렸기 망정이지 그렇지 않았으면 다른 사람들하고 같이 죽었을 겁니다. 혹시 또 돈이 안 됐으면 죽었을지도 모르지요.

350만 원, 그때 당시 참 큰돈이었는데, 처가도 잘 살지는 않았지만 사위 살리겠다고 장모님이…. 그 뒤로 나는 우리 장모님을 '생명은인'이라고 부릅니다. 어쨌건 그렇게 해서 또 죽을 고비를 넘겼지요."

김상년은 고향에 가기 위해 인민의용군이 되었고, 빨치산이 되었고, 잡혀서 총살당하기 직전에 살아나왔지만 정작 고향에는 갈 수가 없었습니다.

"요시찰 인물이 된 거죠. 제주경찰서에서 나를 중죄인이라고 광주경찰서까지 조회가 왔다고 합니다. 제주에 가면 위험하다고 하니 불안해서 갈 수가 없는 거예요.

김상년은 자신을 담당했던 형사의 집, 처가에서 보낸 돈으로 형사에게 사준 그 집에 가서 살게 됩니다.

"그 집에서 형사 큰아들 공부 가르쳐주면서 살았습니다. 그 경찰, 조 형사인데 나보다 한 살 아래였어요. 처음에는 나를 어찌 생각했는가는 몰라도, 내가 빨치산이었을 때 만난 거니까…. 함께 생활하다보니 내가 마음에 들었던 모양이에요. 그 집에 조 형사 여동생이 왔다갔다하곤 했는데, 한번은 조형사가 나한테 진지하게 물어요. '내 동생이 김 선생 좋아하는데 내 매제가 되어줄 수 있느냐'고. 내가 결혼했고 아들 있는 것도 알고 있었지만, 우리 가족이 광주에 나타나지 않으니까…, 새 출발하라는 것이지. 그만큼 나를 좋아하고 신뢰했어요."

그런데 마침 김상년의 아내가 아이를 데리고 남편을 보러 광주에 잠시 와있을 때였다고 합니다.

"조 형사가 민망해할까 싶어서 '나도 좋아하는 마음이 있긴 했습니다만, 안되겠습니다. 지금 우리 집사람이 와있습니다.' 그랬죠."

아내와 아이를 고향으로 보내고 난 뒤 김상년은 마음이 급해졌습니다. 자신이 고향으로 들어갈 수가 없으니, 함께 살려면 아내와 아이를 데리고 와야 했습니다. 그러려면 광주에서 하루라도 빨리 자리를 잡아야 했습니다.

"취업부터 해야 하지 않겠어요? 마침 상무대 육군통신학교 문관 시험 공고가 났습디다. 조 형사가 도와줘서 그 시험을 보고 합격했습니다. 영관급 차타고 출퇴근하면서 육군통신학교 교재 만드는 데 프린트 글씨 쓰는 일을 했어요."

육군통신학교 문관으로 일을 하던 중에 김상년은 군 현역으로 입대하게 됩니다.

"문관은 군인이 아니지만 통신 사병들하고 일을 같이 하거든요? 사병들이 자기들은 막 일하는데, 나는 문관이라고 출퇴근하니까 미웠던 모양이라. 시기하다가 중대장한테 얘기해서 나를 현역으로 입대시켜버린 것이지요. 그래서 이등병이 됐다가 일등병, 하사까지 됐죠. 현역군인으로 돌려도 총 한 번 안 잡아봤어요."

육군통신학교에 취업해 들어갔다가 현역군인으로 복무하게 된 김상년은 또 한 번 죽을 고비를 맞습니다.

"그때 강원도에 전투가 막 치열할 때입니다. 그곳의 양양으로 발령이 난 거예요. '저 고지 점령해라. 점령하지 못하면 내 권총에 죽는다. 적의 총탄 맞고 죽을래, 내 총 맞고 죽을래, 죽는 건 마찬가지다. 뭘 택하겠느냐, 올라라.' 하면은 올라가다가 적의 총탄 맞고 떨어지는 거 눈 뻔히 뜨고 보면서도 올라가지 않을 수 없을 때입니다. 그렇게 전투가 한창 치열한데 거기 가면 꼼짝없이 죽게 돼있어."

김상년은 도망을 쳐버렸다고 합니다.

"안 그랬으면 죽었을 거야. 도망쳐서 조형사 집으로 또 갔어요. 가서 거기 아들 교육시키면서 같이 있었는데, 도망병으로 전국에 지명수배가 내려지더라고."

김상년은 자수를 하고 헌병대에 끌려가 대구고등군법회의에서 징역 3년을 받았습니다.

"또 형무소에 들어간 거야, 육군형무소. 거기에서도 글씨 쓰는 일을 했습니다. 육군형무소에 '광명'지라는 책이 있었어요. 그 책의 글씨를 내가 썼거든요. 프린트 해가지고 재소자들한테도 나눠주고 형무관한테도 나눠주고. 그렇게 복역하다가 대통령이 2년 감해줘서 1년 살고 나왔는데, 그 안에서도 또 한 번 더 죽을 고비를 넘겼습니다. 출소일이 가까워 오는데 형무관이 밖에 나가자고 합디다. 산에 가자고 하는데, 가만히 보니까 눈치가 죽이려고 그러는 거 같아. 아, 갑자기 배 아프다고 해가지고 주저앉아서 나가는 걸 피했죠. 나 죽을 고비 참 여러 번 넘겼어요. 얼추 세보니 13번쯤 넘긴 거 같아. 그렇게 정치범이라는 건 항상 위험하고, 꼬리표가 되어 뒤에 늘 따라다녀요."

1957년 육군형무소에 출소한 김상년은 얼마 뒤 제주에 있는 아내와 아들을 광주로 이사시켰습니다.

"출소한 뒤 전라북도 무안군 감교초등학교에 복직을 했어요. 내 과거대로라면 절대로 복직 못하지요. 신원조회 할 때 조 형사가 과거의 것을 다 없애줘 가지고…. 나한테는 참 고마운 분이죠. 전라북도 무안군 감교초등학교에 있다가, 읍내에 부안국민학교로 갔다가, 전남으로 전출희망을 해가지고 강진중앙초등학교에 있다가 화순교육청에 장학사로 있었는데 사표를 냈어요. 그렇게 전라도에서 9년 동안 교원생활을 했습니다."

그때가 1968년, 김상년의 나이 44세였습니다. 교육청을 그만둔다고 했을 때 동료들은 하나같이 다 말렸다고 합니다.

"교육감이고 장학사들이고 다 그만두지 말라고, 교원 출신은 사회 나가면 휘둘려서 안 된다고 말리는 것을 아이들 때문에…."

김상년은 5남매를 두었습니다.

"4남1녀…, 막내가 딸이에요. 큰아이는 제주에서 낳았죠? 큰아이 초등학교 2학년 때인가 광주로 이사했는데, 그때 집사람이 쌍둥이를 배고 있었어요. 광주에서 아들쌍둥이 낳고, 얼마 있다가 넷째 낳고, 다섯째도 광주에서 낳고. 아이들이 다 공부를 잘했어요. 광주에서 수재가족이라고 했거든. 아이들 교육 때문에 서울로 이사하려고 화순교육청에 사직서를 낸 겁니다."

교육청 동료들이 염려한 대로 교원출신에게 학교 울타리 밖의 사회생활은 쉽지 않았습니다.

"맨날 남에게 휘둘려가지고…. 서울로 이사해서 맨 처음 한 것이 남대문에서 다방을 했습니다. 누가 다방 하다가 팔겠다기에 인수했는데, 날마다 밤 한 시에 자고 새벽 네 시에 일어나서 해도 안 됩디다. 어떻게든 해보려고 남의 돈까지 빌려서 운영했는데 결국 망해서 빚만 졌지요. 나는 리어카를 끌어서라도 무조건 아이들 뒷바라지를 하겠다는 비장한 각오로 올라온 사람이에요. 그래서 어휴~, 제가 안 해본 게 없어요. 군대에 납품하는 콩나물 공장에 가서 리어카도 끌고요. 콩나물 물주면서 기르는 것도 해보고, 빵장사도 해보고, 오리도 키워보고, 원목 깎아내는 데 가서 원목 날라보기도 하고, 된장공장에서 된장도 만들어보고, 아이스케키 공장에 가서 아이스케키도 만들어보고…. 교원 생활하던 사람이 그렇게 벗어 제쳐두고 아무거나 덤벼들어서 참 열심히 살았습니다."

　김상년은 어떤 일 앞에서도, 어느 순간에도 '열심히'와 '성실히'를 놓지 않아봤다고 합니다. 그는 자신이 그렇게 노력한 이유가 '남한테 미움 받지 않기' 위해서, '자신의 노력하는 모습을 본받아서 자식들이라도 잘 나갈 수 있게 하기' 위해서였다고 얘기합니다.
　4·3 때문에 수형생활을 하고, 열세 번이나 죽을 고비를 넘기며 황금 같은 젊은 시절을 위태롭게 보내고, 객지에서 생활하며 터를 잡느라 고생스러운 시간을 보냈지만, 그래도 김상년은 '난 참 운이 좋은 사람'이라고 얘기합니다.

　"내가 인덕이 있어요. 누군가 자꾸 도와줘. 아이들도 공부를 참 갈헤줘서 위안을 많이 받았습니다. 서울대학, 고려대학 나오고, 문학박사로 대학교

수하고, 대기업 다니고, 영어강사하고, 사업 때문에 베트남에 나간 아이도 있고. 다들 결혼해서 내 손자손녀가 열입니다. 박사코스 밟는 손자도 있고. 아이들 키우면서 아이들이 속 썩이는 일은 거의 없었습니다. 오히려 기쁜 일을 많이 안겨줬지요. 내 전과 때문에, 연좌제라고 해야 하나, 속상했던 일은 있습니다. 우리 셋째 아들, 교수로 있는 아이…, 서울대학 나와서 문학박사 학위까지 받고 역사편찬위원회에 합격이 됐는데, 발령을 내주지 않아가지고…. 그러니까 나는 하여튼 대한민국에 태어나서 존재만 했지, 생명 없이 살아온 사람이에요."

4·3으로 인한 전과는 마음 놓고 고향에도 가볼 수 없게 했다고 합니다.

"제주경찰서에서는 나를 아주 중죄인으로…. 육군형무소에서 출소하고 광주 살 때도 제주경찰서에서 광주경찰서에 조회까지 했다고 하니까 무서워서 고향에 못 가봤는데, 서울로 이사해서 몇 년 살고 1970년대에 처 할머니인가 돌아가셔서 고향에 한 번 들어갔었어요. 외도지서에서 나를 잡아갈 눈치가 보이니까, 4·3 때 도와줬던 김태배, 그 사람이 와가지고 빨리 육지로 나가버리라고 합디다. 제주에 있으면 잡아간다고. 그 전과라는 것이 참…. 요번에, 3년 전쯤에 둘째아들이 사업 때문에 베트남에 가있으니까 초청해가지고 여권하려니 또 걸린단 말이에요. 그렇게 평생을 따라다녀요. 20세 때부터 지금까지."

## 고향에는 아무 것도 없고

마산형무소에 수감되었던 김영주는 1956년에 석방됐습니다. 스물여덟 살이던 1949년에 대구형무소에 수감된 것을 시작으로 부산형무소를 거쳐 마산형무소까지 8년 동안 수감 생활을 하고 나오니 서른여섯 살이 돼있었습니다.

"8년 만에 죄수복을 벗었습니다. 영치했던 옷을 줍디다. 8년 전에 입었던 옷, 그걸 빨지도 않고 처박아뒀다가 내줄 거 아닙니까? 어이구~, 냄새나고 거지옷이나 다름없지. 그래도 그게 얼마나 반갑던지 말도 못해. 그걸 입고. 신고 갔었던 까만 고무신은 발이 안 들어가요. 오래 놔둬버리니까 고무가 붙어가지고. 그걸 억지로 벌려가지고 발을 넣으려고 해도 안 들어가. 그것도 신발인데 버릴 수가 있나. 나와서 종이 주워 그 고무신을 싸서 옆구리에 끼고…. 맨발로 마산거리에 나오니까, 사람들이 손가락질하면서 뭐라 그래. 딱 보면 '저건 형무소에서 나온 놈'이라는 거 알 거 아닙니까. 제주사람들 같이 나온 사람도 있고 못나온 사람도 있는데, 나 나올 때는 한 10여 명이 같이 나왔어요. 제주에 들어간 사람도 있고, 마산에 그냥 눌러 산 사람도 있지요. 하여간에 나는 부산으로 가서 배를 타고 제주로 들어갔어요."

8년 만에 간 고향집에는 기막힌 상황이 기다리고 있었습니다.

"아버지, 어머니도 돌아가시고, 할머니도 돌아가셔버렸어요. 내가 큰자식인데 감옥에 있느라고 아무것도 모르고 있었던 것이지요. 할아버지만 살아계셨는데, 나이가 많이 드셔서 나를 봐도 반가운지도 뭔지도 몰라요. 그래도 정신은 있으셔서, '너 목숨 질기게 살아나왔구나.' 그러시더라고. 나 고향집에 가서 얼마 뒤에 할아버지도 돌아가셨지요. 셋째 동생은 행방불명돼버렸어. 대정 쪽에 데려가서 죽였다고 해요. 내가 있었으면 어쨌든 시체라도 찾았을지 모르는데…, 속이 상해서 둘째 동생한테 찾아봤냐니까 찾으러 가보지도 못했다는 거야. 그렇게 꼼짝할 수가 없었던 때요, 그때가. 찾으러갔다면 그 동생마저 죽었을지도 몰라."

형무소에서 그렇게 그리워했던 거문오름 주변에 가봤습니다. 하늘도, 그 아래 거문오름도, 나무며 풀도, 햇빛도 바람도 그대로인데 목장은 텅 비어 있었습니다.

"소고 말이고 한 마리도 없습디다. 다 없어졌어요. 4·3 전에는 거문오름, 그 두 산이 우리 산이었습니다. 거문오름 앞에 목장 땅이 전부 우리 거였습니다. 우리 아버지가 관리자였고, 우리 아버지까지 세 사람인가, 네 사람인가 연명으로 돼있기 때문에 당시에는 그 땅 자체를 누가 함부로 손을 못 대고 있었습니다. 4·3 지나고 나서는 뭐가 어떻게 돌아가 버렸는지, 지금은 조천읍으로 돼있는가 그런 말을 들었는데…. 하여간 형무소 갔다 와보니까 아무것도 없으니 내가 할 일이 없어. 둘째 동생은 함덕에 아버지가 조그만 거 옛날 집을 하나 마련해줬나 봐요. 거기 살고 있었어요. 그 동생이 전적으로 나를 살린 거죠. 할 일도 없고 할 것도 없어서 그럭저럭 지내고 있었는데, 누가 서울 가면 돈을 벌 수 있다고 귀띔을 해요."

제주에서 먹고 살 일이 막막했던 김영주는 식구들에게 죽이 되든 밥이 되든 일단 서울로 혼자 가겠다고 했습니다.

"둘째 동생이 그때 돈 500원을 주대요. 그 돈으로 차비해서 부산으로 해서 서울까지 왔으니까, 지금 돈으로 치면 얼마나 될는지…."

김영주는 여비만 달랑 들고 제주를 떠난 셈입니다. 서울 땅을 밟았을 때는 빈손이었습니다.

"그 당시만 해도 심부름만 해도, 궂은 일만 하면 밥은 먹겠더라고요. 내가 조그마해도 젊을 때는 키 큰 사람 부럽지 않았어요. 뭔 일을 했던지 간에 건강했기 때문에. 일해서 밥은 먹겠는데 잠잘 데가 없어. 서울에 처음 와서 지금 중부시장 자리, 그때는 시장 짓기 전이라, 거기에 건설한다고 칸칸이 콘크리트만 해놓고 천막을 쳐서 그냥 내버려뒀더라고요. 그때가 10월 달인가 됐는데, 눈이 와가지고 천막 위를 덮어 있었습니다. 돈이 있어요, 뭐가 있어요. 그 천막 안에서 잠자고 낮에는 일하러 가고 그러면서 시냈어요."

그러다 제주사람을 만났습니다.

"고씨 영감이라고 신촌사람인데 그때 한 60대 된 어른…, 서울 와서 직장이 없으니까 오도 가도 못하고 있더라고. 나이 먹고 그러니까 누가 심부름 시키려고도 안 하잖아요. 그래서 내가 천막에서 같이 살자고 했어요. 건축하려니까 천막 주위에 각목들이 많잖아요? 그걸로 천막 속을 잘 꾸려서 밥 해먹고 살자고 하니까, 그 양반이 '난 뭘 하고?' 그래요. '형님은 어디 취직도 못하고 그러니까 할 수 없는 것이고, 내가 쌀이나 뭐 사올 테니까 밥이나 하고 여기 앉아계시오.' 그래서 그 어른하고 그 천막 속에서 겨울을 지났어요. 아침에 일어나면 고드름이 주렁주렁…."

봄이 되니 그곳에서도 살 수 없게 돼버렸습니다.

"중부시장 건설이 시작되고 회사에서 그 천막을 사용하게 되니까 다 쫓겨났지요. 그래도 어디든 부지런하기만 하면 밥은 먹고 살겠더라고요. 서대문에 가면 큰 군수공장이 있었습니다. 거기 가서도 일하고. 나중에는 군인들 워커 만드는 데를 들어갔죠. 사람 일은 알 수가 없는 거라. 형무소에서 구두기술 배웠다고, 그 기술로 워커공장 다니고. 그 기술 때문에 서울에서 피혁 관계 하는 사람을 만나게 되고 피혁과 관련된 일을 하면서 서울에 정착하게 된 것이지요."

산촌에서 농사짓고 마소 기르며 잔뼈가 굵은 사람이 빈손으로 일가친척 하나 없는 대도시에서 자리 잡기까지 힘들고 고달픈 날들이 얼마나 많았는지 셀 수도 없습니다.

"4·3사건만 아니었으면, 목장만 그대로 운영해도 사는 거 걱정 없고 아이들도 다 걱정 없었을 건데…. 먹고사는 것은 둘째 문제요. 우리 아이들 다 똑똑해서 공부 잘했어요. 내 전과 간판 때문에 4년제 대학을 나와 봤자 어디 취직하기 위해 마음대로 원서도 못 내봤어요. 연좌제에 걸려가지고. 그것이 제일 억울해. 우리 아이들뿐이 아닙니다. 내 사촌의 아이들도 내가 감옥 갔다 온 것 조사해서 나오니까, 그거 때문에 걸려서…. 친척들까지 나 때문에 피해를 본 거라. 그러니까 우린 4·3사건 얘기만 나오면 억울한 점이 말도 못하고. 나를 8년 동안 감옥에서 살게 하고, 나 하나로도 모자라 아이들까지 피해를 보게 한 그 국방경비법이라는 게 뭐냔 말이여. 당시 국방장관 신성모, 나 이름도 안 잊어버려. 그놈이 그 법을 만들어 놓은 거라. 활동을 못하잖아, 아이들까지도."

## 6·25와 예비검속, 그리고 연좌제의 그물

1950년 6·25전쟁으로 4·3사건 관련 수형인들은 또다시 죽음의 고개를 넘나들게 됩니다. 《제주4·3사건 진상조사 보고서》를 통해 당시의 상황을 간추려보겠습니다.

6·25전쟁이 발발하자 서대문형무소와 마포형무소 그리고 인천형무소에 수감됐던 사람들은 북한인민군이 형무소를 장악하는 바람에 출소해 인민의용군에 편입되거나 각지로 흩어졌습니다. 마포형무소에 수감됐던 김상

년은 북한인민군의 '고향으로 돌아가려면 인민의용군에 편입하라'는 말에 인민의용군으로 복무하다가 빨치산 생활까지 하게 됩니다.

6·25 발발 당시 전국 형무소 재소자는 3만7,335명, 그 가운데 경기도 평택 이남의 형무소 재소자는 2만229명이었습니다. 정부와 국군이 남하하는 과정에서 경기도 평택 이남지역의 형무소 재소자들은 집단총살 대상이 됐습니다.

6·25 발발 당시 제주에서 이송된 4·3사건 관련 재소자는 2,500여 명이었습니다. 일반재판 수형인 200여 명과, 군법회의 대상자 가운데 만기 출소한 180명을 제외한 2,350명이 수감돼 있었던 것이지요. 이들 2,500여 명 대부분이 제주로 돌아오지 못했습니다.

인천형무소에서는 6월 30일 형무소 직원들이 수원으로 피신해버리자 형무소에 있던 제주출신 재소자 300여 명은 분산돼버리고 맙니다. 수원으로 내려간 상당수의 재소자들은 군의 명령에 의해 다시 인천형무소에 수감됩니다. 7월 3일 인민군이 인천을 점령하자 직원들은 다시 또 도피해버리고 형무소에는 북에서 내려온 형무관들이 배치됐습니다. 인민의용군에 편입되어버린 잔류재소자들은 9·28서울수복 시기에 인민군을 따라 북한으로 가기도 했지만 상당수가 행방불명되고 일부는 제주로 귀향했습니다. 그러나 귀향하자마자 경찰에 연행돼 예비검속자들과 함께 총살돼버리기도 합니다.

대전형무소에는 1949년 군법회의 대상자 300명이 수감되어 있었습니다. 이들 가운데 6·25 이후 제주에 살아 돌아온 사람은 한 사람도 없습니다. 전쟁 발발 당시 대전형무소에는 제주4·3사건, 여수사건 등과 관련된 정치사상범과 일반죄수 등 4,000명 정도가 수감돼 있었습니다. 이들은 모두 7월

첫째 주 3일 간에 걸쳐 충남 대덕군 산내면 낭월리 골령골에서 총살과 화형 등으로 집단사살 당했습니다.

6·25 발발 당시 대구형무소에는 4·3사건 관련 재소자 200여 명을 포함한 4,000여 명이 수감돼 있었습니다. 이들 가운데 내란죄, 살인죄, 국가보안법·국방경비법 등으로 수감된 재소자 1,402명이 1950년 7월 9일부터 30일까지 나흘(7월 9·27·28·30일)에 걸쳐 군에 인계됐습니다. 이 1,402명 가운데는 4·3사건 관련 재소자 142명(1948군법회의 대상자 116명, 1949군법회의 대상자 26명)이 있었습니다. 이들 중 살아 돌아온 사람은 없습니다. 군에 인계된 1,402명 대부분이 경북 경산시 가창골이나 코발트 광산 등지에서 총살됐습니다.

부산형무소에는 1948년 군법회의로 대구형무소에 갔던 제주출신 300명 대부분이 1950년 1월 17일과 20일에 이송돼 수감돼 있었습니다. 김영주도 이때 부산형무소로 이송됩니다. 전쟁이 발발하자 재소자 가운데 징역 3년 이상 수형자들을 형무소 마당에 집결시켜 트럭에 태우고 가서 사살했습니다. 김영주는 감방 안 창문으로, 엄지손가락 두 개를 철사에 묶인 채 트럭에 태워져 가는 것을 보았다고 했습니다. 제주출신 재소자로만 채워진 방 셋을 제외한 나머지 감방의 재소자들은 전부 형무소 밖으로 끌려갔습니다. 김영주는 '다음에 너희 방 차례'라는 간수의 말을 듣고 공포에 떨었다는 이야기를 들려주었습니다.

《부산형무소 재소자명부》를 통해 파악되는 제주출신 재소자는 255명입니다. 그 가운데 전쟁을 거치면서 살아남은 사람은 162명으로 마산형무소와 진주형무소로 이송됐거나 옥사한 날짜가 기재돼 있습니다. 그리고 3명의 비고란에는 '헌병대 인도'라는 도장이 찍혀 있고, 90명의 란은 비어있습니다. 이들 93명 중 생존자는 한 명도 확인되지 않았다고 합니다. 김영주는 전쟁을 거치면서 살아남은 162명 중 마산형무소로 이송된 재소자 가운데 한 명인 셈입니다.

광주·전주·목포·진주·부천형무소 등에 분산 수감되었던 제주출신 재소자들 가운데 6·25전쟁 이후 살아서 돌아온 사람은 아무도 없습니다.

6·25 전에 형기를 마치고 출소해 제주로 돌아온 사람들 역시 6·25 발발 직후 실시된 '예비검속'으로 목숨을 잃거나 고역을 치렀습니다.

6·25전쟁이 발발하자 정부는 각 지역 경찰서에서 파악하고 있던 보도연맹원과 반정부혐의자들에 대한 예비검속을 실시했습니다.

보도연맹의 정식명칭은 '국민보도연맹', 좌익인사 교화 및 전향을 목적으로 조직된 단체로 1949년 6월에 창립됐습니다. 보도연맹은 1948년 12월에 시행된 '국가보안법'에 따라 좌익사상에 물든 사람들을 전향시켜 보호하고 인도한다는 취지로 결성되었지만, 전향자가 제출한 자백서를 통해 좌익세력을 섬멸하자는 취지가 강했습니다. 1949년 11월까지 전국에 각 지역 도본부가 결성됐고, 12월까지 각 시·군지부가 결성됐습니다. 지방지부의 조직체계와 지도·관리체계가 만들어진 후 각 지방지부에서는 우익단체와 경찰들을 통해 보도연맹의 가입을 독촉했습니다.

전국적으로 보도연맹의 인원이 급속히 늘어나 1949년 말에는 전국 가입자 수가 30만 명에 달했습니다. 주로 사상적 낙인이 찍힌 사람들을 대상으로 했고, 거의 강제적이었으며, 지역별 할당제가 있어 사상범이 아닌 경우에도 등록되는 경우가 많았다고 합니다.

1949년 11월 말 제주지역에는 5,238명이 보도연맹에 가입돼 있었고, 6·25를 전후해서는 2만7,000여 명의 가입인원을 기록하게 됩니다. 보도연맹 가

입은 소위 '좌익활동' 전력이 있는 사람들을 대상으로 했는데, 과거 인민위원회 간부, 3·1사건 관련자, 4·3사건 관련 재판을 받았거나 수형 사실이 있는 사람들이 주요대상이 됐습니다.

정부의 '보도연맹원과 반정부혐의자'들에 대한 예비검속 지시에 따라 제주도에서도 6월 말부터 검거가 시작됐습니다. 날마다 수많은 사람들이 잡혀 들어갔습니다. 공무원, 교사, 학생과 부녀자 등에 이르기까지 예비검속이 이루어졌고, 검거 과정에서 개인감정에 의한 불법구속, 악질분자의 중상모략으로 인한 부당구속 등의 사례도 빈발했습니다. 이런 상황에 4·3사건과 관련돼 전과가 있는 사람들이 무사할 리 없습니다.

김두황은 신산지서에 잡혀가 유치장에 갇혀 있었습니다. 박춘옥도 가시리 파출소로 잡혀가 성산지서에 갇혀 있었습니다. 부원휴는 검거 나온 경찰관이 이름을 잘 발음하지 못해 '발음하기 어려운 이름 덕분'에 위기를 넘겼지만, 함께 인천형무소에 수감됐다 석방된 친구는 예비검속으로 또 수감되고, 다른 한 친구는 본적지가 아닌 다른 곳으로 이사했기 때문에 통과됐다고 했습니다. 송○○도 당시 재가하기 위해 본적지가 아닌 곳에 살고 있었기 때문에 화를 면한 듯합니다. 김경인 역시 마을이 불탄 뒤 복구되기 전이라 본적지가 아닌 곳에 살고 있었기 때문에 별 일이 없었던 듯합니다. 그러나 심경인과 진주형무소에 같이 갔다가 돌아온 영평사람은 예비검속으로 끌려가서 죽었다고 했습니다.

1950년 7월 8일 계엄령이 선포되고 경찰·검찰·법원 조직 등이 모두 군의 관할로 귀속됩니다. 따라서 계엄령 이후의 예비검속은 계엄군의 주도하에 군·경찰 합동으로 진행됐으며 예비검속자에 대한 처리 권한은 오로지 군에 있게 됩니다. 이때부터 검속자들에 대한 군 당국의 총살집행이 계획적으로 이루어졌습니다.

 제주지역에서는 7월 말부터 8월 하순에 이르기까지 제주읍과 서귀포, 모슬포 등지에서 여러 차례 대대적인 집단 총살이 행해졌습니다. 보도연맹 가입자, 요시찰자 및 입산자 가족 등이 대거 예비검속 되어 죽임을 당했습니다.

 성산포 관내 성산면·구좌면·표선면 예비검속자의 경우는 당시 성산포 경찰서장 문형순이 군의 총살 지시를 거부함으로써 상당수가 목숨을 건졌습니다. 김두황과 박춘옥도 성산포 관내에서 예비검속 되었기 때문에 유치장에 갇혀만 있다가 풀려나올 수 있었습니다.

 6월 말부터 8월 초까지의 예비검속으로 인한 희생자와 형무소 재소자 희생자는 3,000여 명에 이른 것으로 추정되고 있습니다. 그리고 유족들은 아직도 대부분 그 시신을 찾지 못하고 있습니다.

 4·3사건의 와중에서 군·경 토벌대에 의해 죽임을 당하거나 사법처리를 받았다는 이유만으로 그 가족들은 연좌제에 의해 감시당하고 사회활동에 심한 제약을 받았습니다.

 전국적인 연좌제 적용대상은 4·3사건을 비롯한 민간인학살사건 희생자의 유가족, 월북자나 부역자 가족, 국가보안법 등 간첩 혐의 연루자의 가족 등입니다.

 4·3사건의 경우 이미 1950년 8월에 2만7,000여 명의 보도연맹원과 5만여 명의 사건 관련자 가족들이 사찰당국에 의해 별도로 관리됐습니다.

 제주도 경찰·행정당국에는 당시 관련자 명부가 따로 비치되어 각종 신원조회에 근거자료로 활용됐습니다. 경찰이 관리하다가 공개된 〈형살자명부〉, 각 읍·면사무소에 있었던 〈전과자명부〉 등이 그것입니다.

〈형살자명부〉는 각 리별로 4·3사건으로 총살·징역·압송된 사람들의 명단, 숙청 일시, 장소 등을 적고, 별도로 유가족 상황을 빠짐없이 기재한 명부입니다. 이 명부는 그 작성·비치 목적이 관련자의 유가족 관리를 위한, 곧 연좌제 적용 문서였던 것입니다.

연좌제 실시는 4·3수형인 본인과 가족들 그리고 4·3희생자 유가족들에게 이중의 고통을 안겨주었습니다. 연좌제로 인한 피해는 공무원 임용시험, 사관학교 등 각종 입학시험, 국·공기업이나 사기업 취직 또는 승진, 군·경찰 승진 등에 불이익 처분, 국내외 여행 및 출입국 과정, 각종 신원조회, 일상생활에서 감시 등 다양했습니다. 제주도민 대다수는 4·3으로 인한 연좌제 피해 경험을 갖고 있습니다.

1980년 8월 1일 '국가보위비상대책 상임위원회'는 국민들에게 피해와 불편을 주어온 신원기록을 일제히 정리하는 한편 연좌제를 폐지할 것을 발표했습니다.

1981년 3월 24일 내무부는 후속 조치로 연좌제 폐지 지침을 발표해 공식적으로 연좌제 적용은 사라지게 되었습니다. 이 지침에 의거해 제주경찰청은 4·3사건 관련 자료를 폐기처분했다고 했습니다.

1980년 제정된 제5공화국 헌법에서는 '모든 국민은 자기의 행위가 아닌 친족의 행위로 인하여 불이익을 받지 아니한다'는 조항(제12조 3항)으로 연좌제 적용의 금지를 명문화했습니다. 제6공화국 헌법에서도 제13조 3항에서 위 조항의 자구만 약간 수정해 연좌제 금지를 재확인했습니다. 그러나 이러한 법적·제도적 금지에도 불구하고 연좌제에 대한 피해의식은 사라지지 않았습니다.

김영주, 김두황, 김상년, 부원휴도 연좌제로 고통을 받았습니다. 부원휴는 본인의 직장문제는 물론 자녀들의 앞날에도 신원조회가 염려되어 본적지까지 옮겨가며 평생을 멍에로 안고 살아야 했고, 김두황과 김상년은 아들이, 김영주는 아들은 물론 조카들까지 피해를 입는 고통을 겪어야 했습니다.

〈이야기 일곱〉
# 늑인

- 또 당하라면 차라리 자살해버리지
- 4·3 얘기만 하면 머리가 핑 돌아
- 명예회복이 돼야 말을 하지
- 어디 잊혀질 일입디까?
- 그때 생각만 하면 아주 지긋지긋해
- 소름 돋고 끔찍해서 말하기도 싫어
- 제주도, 이제는 들어가도 되겠지요?

〈이야기 일곱〉

# 늑인

## 또 당하라면 차라리 자살해버리지

2010년 여름, 박춘옥은 교통사고를 당해 병원에 입원해 있었습니다.

"고문후유증으로 몇 십 년을 약봉지 달고 살아도 이미 병신 돼버린 것이니 낫지도 않고, 늙어가니 더 힘들어 죽겠는데, 교통사고까지 나고…. 이 나이에 그래도 살아있으니 사람 목숨이 질긴 건지, 내 명이 그렇게 긴 건지…."

산에서 도망 다니고 서귀포와 제주경찰서 유치장에 갇혀있으면서 밥 한 술 제대로 먹이지 못해 영양실조로 죽다 살아난 큰아들도 몸이 약해 고생을 했다고 합니다.

"우리 큰아들이 참 착해요. 재혼해서 낳은 아이들도 착하고 모두 사이좋게 잘 지냈어요. 아이들 키우는 재미로 살았지요. 그 아이들 다 결혼시켜서

나 손자 증손자 다 합쳐서 스물일곱이라."

박춘옥은 아이들이나 손자들한테 4·3 이야기를 제대로 해보지 못했습니다.

"아무리 얘기해줘도 모를 겁니다. 같은 시대 사람도 안 당해보면 아무리 얘기해도 모를 텐데…. 어이구, 그때 생각하면 몸서리쳐져. 그런 일 또 당하라면 자살해서 죽어버리지 그 꼴을 어떻게 봐. 4·3평화공원에는 못 가봤는데, 몇 년 전에 전주형무소 자리는 가봤어요."

박춘옥은 2007년 4·3도민연대에서 주관하는 4·3유적지순례길을 따라나섰다고 합니다. 출소하고 58년만의 일이었습니다.

"전주형무소 자리 가봤는데, 되싸복닥 되어버리고 전부 아파트 들어서버렸더구만. 형무소 없어졌으니 당했던 기억도 없어졌으면 좋겠는데, 어디 그럽니까? 억울한 일은 죽어도 안 잊어먹는 거라. 전주형무소, 흔적들 하나도 안 남았어도 옛일이 눈에 훤합디다."

## 4·3 얘기만 하면 머리가 핑 돌아

김영주는 서울에 살고 있습니다. 아내는 고관절이 좋지 않아 수술을 받고도 잘 걷지 못하고 있었습니다.

"나이 80도 한참 넘어 90을 바라보고 있으니 여기저기 고장 날 만도 하지만, 우리 집사람 서울 와 살면서 고생을 너무 많이 해서 그래요. 시장에 나가 30년 넘게 포목장사를 했거든. 나는 제주도 들어가서 살고 싶은데, 벌어먹을 땅이 없다고 집사람이 가지 않겠답니다."

제주도 고향에 다니러는 더러 갔어도 4·3평화공원에는 한 번도 못 가봤다고 합니다.

"내가 안 갔습니다. 우리 셋째동생이 행불자로 올라가있다고는 하는데, 시신을 찾아서 묻어놓은 것도 아니고…. 4·3 얘기만 하면 머리가 핑 돌아요. 나는 형무소에 갇혀있고, 제주에 있는 식구들은 셋째동생 죽어서 시체가 썩는 줄도 모르고, 찾으러 갈 수도 없었던 그 상황이 뭐냐 말이오. 우리가 무슨 죄나 있어서 그런 일을 당했느냐 말이지. 국방경비법은 뭐냐 이거에요. 왜 우리를, 제주도 말로 약도리를 씌워가지고…. 그 법을 자기네가 만들어가지고 평생을 옭아매 놨으면 이제는 그걸 풀어줄 때가 온 거 아니냐 이거에요. 그전에는 4·3평화공원 가봤자 안 가봤자 마찬가지지."

아내의 언니도 4·3사건 때 희생됐다고 합니다.

"집사람은 4·3평화공원에 가보고 싶어 했지만 못 갔어요. 5월달에 제주도 갔었는데, 공원에 가볼라고 전화해보니까 4월달 아니면 안 된다고 해서…. 결국 둘 다 4·3평화공원에는 못 가본 거지요. 나는 2008년엔가 제주에서 사람들 올라와 가지고 같이 형무소 있었던 데 갔다 왔어요. 지금은 흔적도 없지. 부산형무소 자리에는 아파트 단지 들어서버리고, 마산형무소도 우리 옛날 드나들던 문이 벽으로 딱 돼버리고 뭐 전부 아파트 들어서버리고 하니까. 옛날 형무소 없어졌다고 그 기억도 없어지나? 형무소만 생각하면 가슴이 먹먹해버려요. 눈 감으면 그때 일이 훤해요. 한두 달, 일이 년이 아니고, 8년 세월을….”

소원을 묻자 김영주는 '소원'이라는 낱말을 조용히 되뇌었습니다. 그 모습에서 '달관'이라는 낱말이 읽혀졌습니다.

“소원…. 내 나이 올해(2010년) 여든 아홉이오. 늙어서 뭐, 죽는 게 소원이지. 집사람 고생만 시켜서 미안하고, 특히 우리 아이들한테는 죽은 다음에도 미안할 것 같아요. 우리 아이들 다 영리하고 착한데, 내 간판 때문에 피해 입고 잘 피지를 못했어. 아이들 잘 됐으면 좋겠는데….”

### 명예회복이 돼야 말을 하지

60세까지 일선에서 활동했던 부원휴는 정년퇴임 뒤로도 왕성하게 활동했습니다.

“그 다음엔 제주시노인회 사무국장도 하고, 일도1동에 노인회장도 한 9년 했어요. 올해(2010) 82세지만 지금도 동에 나가서 주민자치위원회 자문위원 하고 있어요. 중노동 같은 것은 안 해봐서 그런지 아직까지 건강한 편입니다. 날씨만 좋으면 새벽 네 시 전후에 일어나서 산책하고 운동도 하면서 건강관리를 하고 있습니다. 집사람이 아파요. 뇌경색 2급 장애 받아서 지금 집안에서만 겨우 활동할 정도라서 집사람 간병도 하면서 지내고 있습니다."

부원휴는 자녀들에게 아직 형무소에 갔다 온 얘기를 직접 들려주지 못했다고 합니다.

"맨 위에가 딸이고 밑으로 셋은 아들인데, 둘째 아들은 서른아홉에 사고로 먼저 저 세상에 가버렸어요. 우리 아이들 나 형무소 갔다 온 이야기 잘 모르고 있을 겁니다. 명예회복이 되면 얘기해주려고 생각하고 있는데, 글쎄 그때가 언제나 될는지. 전직 동료들도, 주변 사람들도 모르고 있을 겁니다. 제가 후대사람들에게 과거에는 이랬다 얘기하고 싶은데, 명예회복이 안 되니까 그 단계가 아니다 이겁니다."

4·3평화공원에는 여러 번 다녀왔다고 합니다. 4·3전시관에는 부원휴가 기증한, 1948년 4월 10일자로 제주농업중학교 오덕재 교장이 발행해준 통행증명서도 전시돼 있습니다.

"해마다 4·3 때는 갑니다. 4·3으로 얼마나 많은 사람들이 죽었습니까? 고인 된 사람들 명복을 빌 뿐 아니라, 4·3에 관련된 일을 하는 사람들에게 내한 고마움도 느끼고, 그 일에 적극적으로 함께하지 못한 데 대해 부끄럽다는 생각으로…. 형무소 자리도 갔다 왔어요. 2008년도에 4·3도민연대에

〈이야기 일곱〉 늑인

서 옛날 형무소 자리 돌아보는 시간 마련해줘 가지고. 4·3 때 갔을 때는 허허벌판이었는데 고층건물들 다 들어서버리고, 옛날 모습 다 사라져버렸더라고. 그래도 만감이 교차하면서 가슴이 먹먹해."

부원휴는 4·3을 생각하면 억울하다고 합니다. 4·3 때 겪었던 일도 그렇고, 그로 인해 평생 멍에를 안고 산 자신의 문제도 물론 억울하지만, 자신의 문제를 넘어서는 억울함이 있다고 합니다.

"일본놈도, 말하자면 외국 사람도 이렇게 죽이지 않았거든요. 같은 동족으로서 이렇게 했다는 게 비극 중에 비극이란 말이에요. 정말 제주도에 사람이 없으니까. 아주 훌륭한 사람만 있다면 해결될 문제인데…. 제가 생각하기에는 예나 지금이나 정치하는 사람들이 잘 해야 돼요. 정치하는 사람들, 국회의원들 이런 사람들이 몇 선, 몇 선 했다고 하지만, 나는 그 사람들 좋게 안봅니다. 뭣했느냐 이거에요."

## 어디 잊혀질 일입디까?

4·3 때문에 이런저런 소리 듣지 않으려고 고향 난산리에서 열심히 마을 일을 하며 살았다는 김두황은 여전히 난산리에 살고 있습니다.

"65세에 노인회에 들어갔는데, 노인회에서도 마을을 위해 일해보자 해서 활발히 활동했지요. 폐품 수집하고, 마을 청소도 하고…. 그렇게 활동한 거

사진 찍고 붙여가지고 보고서 작성해 올려서 환경부장관 표창도 받았어요. 하여튼 뭘 하든 열심히 했습니다."

농사도 열심히 지었습니다.

"70대 중반까지도 한 만 평 농사를 지었지요. 당근, 무, 감자, 유채 같은 거…. 7년 전에 8천 평 남 빌려주고, 집사람하고 둘이 2천 평 농사짓다가 작년에 다 빌려줬어요. 요즘은 뭐 마을도 돌아다니고, 노인회관에 가고, 물리치료 받고…."

김두황은 아직도 고문후유증으로 시달리고 있었습니다. 나이가 드니 더 심해져서 다리가 많이 불편하다고 합니다. 통증 때문에 바닥에 길게 앉아 있지를 못하고 수시로 일어나곤 했습니다.

"이제는 어디 못 다닐 거 같아. 다리도 다리지만 머리가 아뜩아뜩해서. 아이들도 서울에 있고 동생도 서울에 있어요. 이제 농사일도 없으니 시간은 있는데, 가다가 쓰러질까봐 못 가는 거지요. 하루하루가 다르지요. 식사량도 확 줄어들어 버리고. 뭐, 안 먹엉 가버려도 되는 거지만…. 한 3년 전까지만 해도 다닐만해서 2006년에는 목포형무소 자리에도 갔다 왔어요. 아파트단지로 변해버려서 옛날 흔적 안 남았어요. 흔적 안 남았다고 4·3이 어디 잊혀질 일입디까? 옛날 거 아무것도 없어도, 그 자리에만 가도 바로 어제 일처럼 생생합디다. 현장에서 옛날 생각하니 가슴이 막 더 미어져. 그때 나랑 같이 목포형무소 갔던 난산리 사람들 한 명도 못 돌아왔어요. 그 사람들뿐만 아니지요. 우리 형수님도, 집사람 언니도 4·3 때 희생돼서 형수님 때문에 4·3평화공원에 세 번이나 갔다 왔는데, 거기에 난산리는 95명이 사망 혹은 행불자로 명단이 올라가 있습디다. 살아 돌아온 사람은 나 혼자뿐인 거예요. 그러니 그게…, 뭐 그런 세상이 다 있습니까…. 4·3 때 우리 제주도민들 많이 희생됐지요. 그런데 희생자로 올라간 사람 중에 정말 나쁜 사람들도 있어요. 다 희생자로 하지 말고 구분을 해줘야 해요."

## 그때 생각만 하면 아주 지긋지긋해

송○○는 60년째 인천에서 살고 있습니다.

"스물일곱 살에 와서 올해(2010년) 여든 여섯이니까…, 세월이 그렇게 되니 제주사투리도 거의 안 써져요. 내가 제주도 사투리하면 여기 딸들은 막 웃는다고. 제주도 다니러 갔다 온 지 4년 됐어요. 마지막으로 고향 갔다 와야 하는데, 다니다 쓰러질까봐 겁나서 못가고 있어요. 4·3평화공원도 생겼다는데…."

송○○에게 제주도는 그리움이자 악몽입니다.

"제주도…. 고향인데, 가고 싶지요. 우리 동생들 고향에 그대로 있잖아요. 가고 싶지만, 가면 그때 당한 거 생생하게 떠오르니까 너무 힘들어요. 그때 생각만 하면 아주 지긋지긋해. 그때 맞은 후유증으로 지금도 어깨가 아프잖아요. 자다 일어나면 이 팔을 잘 못써요."

송○○에게 4·3은 그렇게 60년 넘는 세월 동안 날마다 어깨를 짓누르며 되풀이되는 한스러운 통증이었습니다.

"성당 다니니까 거기다 의지하고 살았어요. 딸하고 살면서 손자 키우는 재미로 살고. 4·3이 없었더라면? 죽었을 거라. 그걸로 명 땜하고 오래 산 거 같아. 그렇게 생각해야지."

## 소름 돋고 끔찍해서 말하기도 싫어

김경인은 제주시 아라동 월평마을에 살고 있습니다. 4·3 때문에 떠나있었던 몇 년을 빼고는 월평을 떠나 살아본 적이 없습니다.

"지금 사는 데는 큰딸 집입니다. 큰아들도 이 동네에서 농사짓고 살고 있어요. 내가 요즘은 다리가 아파서 가름도 돌고, 노인당에도 가고…. 올해는 고사리도 꺾으러 못 갔지만, 다리 안 아플 때는 고사리 한 30근씩 꺾었는데…. 밭일도 하고, 밀감도 따고, 작년까지는 나가면 하루 4만 원은 벌었주. 아직까지는 아기들한테 손 안 벌리고 살고 있는데, 앞으로가 문제라. 다리 아파서 일을 못하니까. 병원에서 내 무릎에 연골이 하나도 없대. 그래서 아픈 거라고 일하지 말라네요. 물리치료하고, 침도 맞고, 약도 타다 먹고, 그러고 있지요."

김경인의 얼굴에는 일을 하지 못해 답답해하는 기색이 역력합니다. 자신이 움직일 수 있는 한 일해서 먹고살며 자식들한테 신세지지 않으려 하는 전형적인 제주할머니인 셈이지요.

다리 아프기 전에 큰아들과 함께 다녀온 여행길이 무척 행복했었나 봅니다. 김경인이 들려준 이야기 가운데 목소리가 가장 밝았습니다.

"육지도 몇 번 다녀오고, 중국도 갔다 왔어요. 아들이 데려갔어요. 장가계로 상해로 닷새 동안 아들 손잡고 많이 걸어 다녔어요. 케이블카도 타고."

4·3평화공원도 아들이 함께 가주어 다녀왔습니다.

"4·3 때마다 국화꽃 사가지고 돌아봅니다. 시아버지 위패에 가서 꽃 놓고 절하고, 돌아보다가 아는 사람 이름 있으면 절하고. 우리 동네 사람들 많이 형무소 갔는데도 살아 돌아온 사람 거의 없어요. 그 사람들 생각하면 나 이제도록 살아진 것도 너무 죄송해. 형무소 갔던 일…. 기억하기 싫어서인지 꿈도 한 번 안 꾸어집디다. 꿈도 안 꾸어진다고 그게 잊혀지나, 평생 얼굴 반쪽에 붙어 다니는데…. 우리 아이들, 손자들한테 4·3 때 얘기 잘 안 해요. 나도 4·3이 왜 났는지 지금도 잘 모르고. 그때 고생했던 얘기, 요즘사람들 얘기해줘도 잘 모르겠지만, 그때 생각하면 소름 돋고 끔찍해서 말하기도 싫어요."

## 제주도, 이제는 들어가도 되겠지요?

김상년은 지금 마포에 살고 있습니다. 그는 서울에서 서른 번이나 이사를 다녔습니다. 이 동네로 저 동네로 숱하게 이사를 다니다가 '이제 여기가 마지막이다' 하고 정착한 곳이 공교롭게도 마포여서 기분이 묘했다고 합니다. 서울과의 인연이 마포형무소에 시작됐었기 때문입니다.

"그러니까 내가 다시 마포형무소로 들어와졌구나, 여기서 생을 마치는구나…."

마포로 이사할 때까지도 김상년은 자신이 제주에 돌아갈 수 없을 거라고 여겼습니다. 그에게 제주는 감시를 받는 불안한 곳인데 반해, 서울에서는 생활도 많이 익숙해져 있었고 무엇보다 인정을 받았기 때문입니다.

"쉰여덟인가 아홉에 서예를 시작했어요. 한 30년간 쓰다 보니 국전초대작가도 되고. 여기 마포에서도 문화상도 주고, 모범어르신상도 주고…. 고향에 잠깐잠깐 다녀오기는 했지요. 가도 한라산도 한 번 올라가보지 못하고, 4·3평화공원도 못 가봤어요. 글씨 쓰니까 추사선생 적거지, 겨우 거기

갔다 왔어요."

2010년 5월에는 아내를 묻으러 다녀왔다고 합니다.

"집사람 두 달 전쯤에 세상을 떴어요. 감기 걸렸었는데 갑자기 폐렴으로. 오래 살 줄 알았는데…. 서울서 사흘 제주서 이틀해서 5일장을 했는데, 어찌나 손님이 많던지…. 화환만 해도 57개가 와서 놓을 자리가 없어 가지고…. 자식들이 성공을 해놓으니까. 집사람 먼저 가서 불쌍하긴 했지만, 내가 먼저 죽어서 우리 집사람이 이런 광경을 봤으면 얼마나 기뻐했을까, 그런 생각이 듭디다. 집사람 해안동에 가서 모셔두고 왔어요. 아버지 촐 비던 밭에."

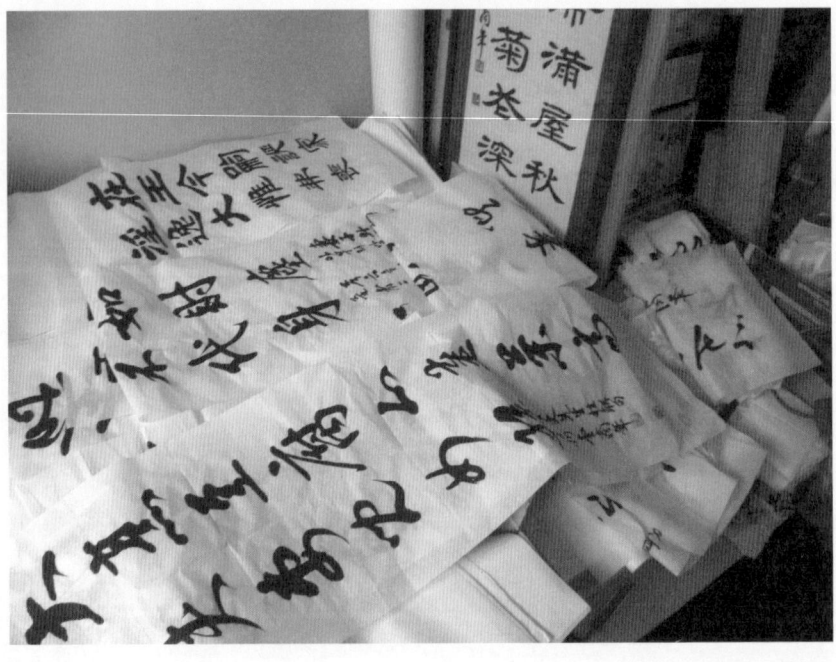

아내가 떠난 뒤 혼자 생활하고 있지만 크게 불편하지 않다고 합니다. 그의 일상을 듣노라면 담백한 수채화 몇 점이 떠오르기도 하고, 잔잔한 영화의 몇 장면이 흘러가기도 합니다.

"나 혼자 지내고 있어요. 딸이 가까이 살아서 도와주긴 하는데…. 밥이며 반찬 다 혼자 할 줄 알아요. 아침 다섯 시 반이나 여섯 시에 일어납니다. 아침식사로 빵을 먹어요. 커피 한 잔에, 과일 하나 놓고 해서. 아이들 학교 다닐 때 밥 먹기 싫어서 빵 먹고 나갔었거든요. 아빠엄마만 밥 먹을 수 없다 해서 같이 빵을 먹기 시작한 게 40년이 넘었습니다. 점심, 저녁식사 때 반주로 꼭 한 잔 마십니다. 반주하면서 밥 먹으면 밥이 어떻게나 맛이 좋은지…. 밥 먹고 나서 설거지하고 쓰레기도 치우고. 청소도 간혹 합니다. 글씨 쓰고, 친구들 가끔 만나고…. 북국민학교 동창이 서울에 한 열 명 정도 있었는데 이제 네 사람 남았어요."

서울에는 만날 친구라도 있지만 제주에는 다 세상을 떠나버려서 친구가 없다고 합니다. 친구뿐만 아니라 형제도 없습니다. 그러나 김상년은 제주에 가고 싶고, 살아생전에 놀아가리라 마음먹고 있습니다.

"아버지, 어머니, 형님, 집사람 묘가 거기 있고 나도 죽으면 거기 묻힐 겁니다. 금년에 큰형수 돌아가시고, 우리 동생 건강했었는데 갑자기 돌아가고, 형제 중에 나만 남았어요. 처가에도 아무도 없습니다. 우리 집사람만 있었는데 돌아가 버리니까, 우리 집하고 처가 합쳐서 나 혼자 남았습니다. 그래도 제주도에 가고 싶어요. 죽어서 말고 살아있을 때 들어가서 살아보고 싶어요. 아직 서예활동 할 수 있으니까, 고향에 가서 서예활동도 하고…. 제주도, 이제는 들어가도 되겠지요? 돌아가야죠."

4·3이 왜 일어났다고 생각하느냐 물었습니다.

"제주도가 원래는 땅이 핍박해서 사람 살 데가 못 됐죠. 죄지은 사람 보내는 유배지였고. 그런 데서 살다보니까 삶이 넉넉하지를 못했고 육지부에 비해서는 아주 비참한 삶을 산 게 사실이요. 그러다 보니 해방되고 나서 그런 쪽에 머리가 돌아가지 않을 수 없었지 않났나. (사상을 말씀하시는 거지요?) 네. 그때 머리 좋은 사람들 많이 죽었어요. 이런 사람들 머리가 그런 쪽으로 쏠릴 적에는 이건 뭐 보통이 아니다, 나는 그런 생각이 듭디다. 완전한 평등이야 이뤄지겠습니까만 그래도 서로 큰 차이 없는 평등한 사회가 됐으면 좋겠다는 생각은 어릴 때부터 늘 하던 생각이고…. 교육도 남녀관계도 마찬가지고, 무엇이든지 모든 걸 대등한 입장에서 그렇게 살아야지. 늘 잘사는 사람은 잘살고 못사는 사람은 못살고 그러면 되겠습니까? 못사는 사람 편에 서고 싶다, 그런 생각에서 그런 거지. 무슨 4·3이…. 싸워서는 안 됩니다. 과거를 봐도 그렇고 앞으로도 마찬가지에요. 독재를 하면 안 돼요. 그건 거꾸로 가는 겁니다. 그러면 싸움이 나게 마련이지요."

〈에필로그〉

# 이야기 뒤풀이

　김영주 김상년 송○○ 김두황 박춘옥 부원휴 김경인, 이 일곱 분을 만나 이야기를 들을 수 있었던 것은 '제주4·3진상규명과 명예회복을 위한 도민연대(이하 4·3도민연대)'의 소개 덕분이었습니다.
　4·3도민연대는 〈4·3특별법〉이 제정된 2000년부터 '전국 4·3유적지 및 민주성지 순례' 행사를 치러 왔습니다. 첫 순례길에 나서며 그 취지를 이렇게 밝혔더랬지요.

>　반백 년 동안 한으로 멍든 제주도민의 가슴은 이제 조금씩 열리기 시작하고 있습니다. 이 시점에서 우리는 겸허한 마음으로 전국에 산재해 있는 4·3유적지 및 민주성지 순례의 길을, 100만 내외 제주도민의 마음을 모아 떠나고자 합니다. … 이번 순례는 4·3특별법 제정과 시행령 확정에 따라 4·3문제 해결의 법적·제도적 조치가 이루어지는 전환점에서, 정부에 의해 이루어질 진상규명과 명예회복 사업에 우리 도민들이 적극 협조하는 실천사업이라는 점에서 그 의의가 매우 크다고 생각합니다. … 전국의 4·3유적지를 직접 순례하며 4·3의 진상을 올바로 밝혀내고 4·3영령들을 기리는 제례를 현지에서 지냄으로써, 오랜 세월 한으로 남은 유족들의 상흔을 치유하고 도민사회의 갈등을 해소하여 평화의 섬 제주를 이룩하고 도민통합을 이루는 계기로 삼고자 합니다.

그렇게 시작된 순례행사는 2010년까지 10년 동안 이어졌습니다. 그동안 4·3유족을 비롯해 4·3연구가, 예술가, 학자, 학생, 언론인, 담당공무원 등 각계각층의 사람들이 순례길에 동참했었지요.

순례행사 가운데 가장 관심을 끈 것은 4·3과 연관된 형무소를 찾아다닌 일이었습니다. 10년 동안 전국 14개 형무소를 찾아 현장에서 4·3수형생존자들의 증언을 끌어냈습니다. 김두황 할아버지는 2006년에, 박춘옥 할머니와 김상년 할아버지는 2007년에, 김영주 할아버지와 부원휴 할아버지는 2008년에, 송○○ 할머니는 2009년에 순례에 참여해 수형 당시의 상황을 생생하게 증언했었습니다.

4·3도민연대는 이 사업을 10년 동안 진행하는 과정에서 새로운 사실도 발견했고 잘못된 기록도 고칠 수 있었으며, 4·3수형희생자들에 대한 지역사회의 관심도 불러일으키는 등 4·3의 비극을 증명하고 진상규명이 필요하다는 사회적 공감대를 이루는데 적지 않은 성과를 거두었습니다.

4·3수형인은 2007년 '4·3특별법'이 개정되어서야 비로소 희생자로 신고할 수 있게 됐습니다. 더불어 수형인을 포함하는 제4차 희생자 신고가 이루어지지요. 그러나 수형생존자를 대상으로 한 희생자 신고는 원활하지 않았습니다. 그 이유를 4·3도민연대 양동윤 공동대표는 이렇게 말합니다.

"4·3특별법이 개정되기 전까지는 수형생존자가 방치돼 있었기 때문에 관심에서 멀어져 있었고⋯. 이때 방송도 하고 광고도 내고 했지만 수형생존자들이 제주도에만 사는 게 아니고 전국에 흩어져 살고 있기 때문에 상당수가 알지 못한 경우가 많았고, 설사 알았어도 '감옥소 갔다 왔는데, 죄인인데⋯' 하는 자책과 자격지심이 족쇄가 돼서 스스로 드러내기 쉽지 않은 일이었죠. 그래서 신고가 원활하게 이루어지지 않았어요. 그럼에도 불구하고 2007년에 신고하신 생존자 분들이 50여 명 돼요. 수형생존자들이 얼마나 더 있는지는 모릅니다. 이 사람들의 공통점은 고령이라는 것, 다시 말해 죽어가고 있다는 겁니다. 물론 희생자이기 때문에 죽었어도 신고는 됩니다. 그러나 우리가 주목해야 하는 것은 생존해 있는 사람들입니다. 살아있는 4·3역사이기 때문에…."

그 '살아있는 4·3역사'를 만나러 가는 길, 염려가 앞섰습니다. 참혹한 사태를 몸소 겪었는데 건강은 괜찮을까, 연세가 많은데 제대로 기억해낼까…. 이야기 중에 마음의 문을 닫아버리지는 않을까, 그것도 걱정이었습니다. 4·3에 대한 기억을 끄집어내는 일은 그들을 괴롭힐 게 분명했기 때문입니다. 만남을 준비하는 동안에 세상을 떠난 사람도 있었습니다.

그러나 일곱 가지 이야기를 들려준 김영주 김상년 송○○ 김두황 박춘옥 부원휴 김경인, 이 일곱 분은 모두 80이 넘었는데도 비교적 건강한 편이었습니다. 기억도 놀라울 정도로 총총했습니다. 그리고 한결같이 따뜻하게 대해주었으며, 그 무겁고 아픈 기억을 차근차근 끄집어내 들려주었습니다.

이 분들을 만난 것은 2010년 한여름, 무척 더울 때였습니다.

김영주 할아버지를 만나기 위해 연락을 했을 때, 집 찾기가 쉽지 않을 거라며 할아버지의 막내아들인 김상진 씨가 마중을 와주었습니다. 서울에서 태어나 성장한 그는 4·3에 대해 깊은 관심을 가지고 있었습니다.

김영주 할아버지는 제주사람을 만났다는 것만으로도 무척 반가워했습니다. 이야기를 나누는 동안 틈틈이 선풍기 얼굴을 돌려주고 시원한 물을 떠다줬습니다. 이야기를 마치자 저녁식사를 하고 가라고 했습니다. 사양하자 섭섭해 하며 그 더운데 버스정류장까지 나와 버스가 떠날 때까지 배웅해주었습니다.

김상년 할아버지는 커다란 양산을 쓰고 큰길가까지 마중을 나와 주었습니다. 양산을 씌워주는 김상년 할아버지를 따라 길게 구부러진 골목길을 걸으며 마중와주지 않았다면 따가운 햇볕 속에서 꽤나 헤매야했겠구나 생각했습니다.

김상년 할아버지는 이야기를 나누면서 손수 커피를 타주고 과일도 깎아주었습니다. 그는 참 듣기 좋은 목소리를 지니고 있었습니다. 그 목소리에 실린 고비 고비 기막힌 이야기가 라디오드라마처럼 펼쳐졌습니다. 이야기를 마치자 손수 쓰신 멋진 서예작품도 한 점 선물해주고, 기어코 동네에서 제일 좋다는 고급음식점으로 데리고 가서 맛있는 저녁을 사주었습니다. 그리고는 지하철역에서 표 끊는 방법까지 일러주고 손 흔들어 배웅해주었습니다.

송○○ 할머니는 '제주도에서 인천까지 먼 길 오느라 고생했다'며 안쓰러워했습니다. 송순희 할머니는 참 고운 얼굴이었습니다. 젊었을 때 꽤나 미인 소리 들었겠다 싶어 사진을 보여 달라고 졸랐습니다. 아니나 다를까 사진 속에는 어여쁘고 단아한 여인이 있었습니다.

송○○ 할머니가 겪은 이야기를 들으면서 여러 번 충격을 받았습니다. 그럴 때마다 사진 속의 젊고 고운 모습이 떠올라 충격은 갑절이 되곤 했습니다.

김두황 할아버지의 안방 벽에는 정갈한 글씨가 빼곡하게 들어찬 종이가 여러 장 붙어있었습니다. 잊어버리지 말아야할 일들과 일정을 손수 적어놓은 메모지였습니다. 섬세하고 꼼꼼한 분이구나 생각했습니다.

이야기를 시작하며 녹음기를 꺼내놓자 김두황 할아버지는 옆에 앉은 아내에게 웃음 띤 얼굴로 "다 녹음되니까 말조심하세요." 했습니다. 유머가 있는 분이구나 생각했습니다. "이런저런 얘기 듣지 않으려고 신경 쓰며 열심히 살았다"는 이야기를 듣노라니 벽에 붙은 메모지들이 예사롭지 않아 보였습니다. "오랫동안 감시받으며 살았다"는 이야기를 들을 때는 '녹음' 얘기가 유머만은 아니었구나 싶어 참 죄송스러웠습니다.

박춘옥 할머니는 병원에 입원해 있었습니다. 환자복을 입은 사람에게 괴롭고 아픈 이야기를 꺼내게 하려니 여간 미안한 게 아니었습니다. 그러나 할머니는 오히려 '하필이면 병원에 있을 때라 대접할 게 없다'며 더 미안해 했습니다.

박춘옥 할머니는 소녀 같았습니다. 그렇게 여린 몸과 심성으로 그 험한 사태를 겪었으니, '그런 일 또 당하라면 자살해 죽어버리지…' 하는 말이 이해되고도 남았습니다. 병원이어서 이야기를 많이 나누지는 못했습니다. 박춘옥 할머니는 침상에서 굳이 일어나 배웅해주며 '나 퇴원하면 가시리 집으로 꼭 놀러오라' 했습니다.

깔끔한 양복차림으로 약속장소에 나온 부원휴 할아버지는 여든 넘은 나이가 믿기지 않을 만큼 젊어보였습니다. 따뜻하고 곧은 성품이 느껴지면서도 어딘지 모르게 그늘져보였습니다.

이야기를 나누다보니 알 수 있었습니다. 부원휴 할아버지에게 드리워진 그늘은, '가족에게조차 말할 수 없었던 멍에'의 그림자였습니다. 그 멍에로 남모른 고민 속에서 살아온 세월을 아프게 회상했습니다.

부원휴 할아버지는 이야기를 나누는 시간이 제법 길었는데도 자세 한 번 흐트러뜨리지 않았습니다. 그가 올곧은 성품으로 짊어져야했던 '남모른 고민의 세월'이, 그래서 더 안타깝게 느껴졌습니다.

김경인 할머니가 살고 있는 월평은 참 조용한 마을이었습니다. 집으로 찾아가니 마당에서 커다란 개가 컹컹 짖으며 맞이했습니다.

　김경인 할머니는 무뚝뚝했습니다. 말도 별로 없었습니다. 할머니 목소리보다 할머니에게 말을 거는 목소리가 더 많이 들려서인지, 현관문밖에 있는 개가 '낯선 사람이 있다' 소리치는 듯 자꾸 짖어댔습니다.

　김경인 할머니와 이야기를 나누는 내내 마음 아팠습니다. 이야기를 나눌수록 본디 무뚝뚝하거나 말이 없는 사람이 아니었다는 게 느껴졌기 때문입니다. 꽃다운 나이에 꽃보다 더 고왔을 얼굴이 변해버렸을 때의 심정이 짐작되고도 남았기 때문입니다.

　이야기를 마치자 김경인 할머니는 '찾아와 이야기를 나눠준 것만도 고맙다'며 대문 밖까지 나와 따뜻하게 배웅해주었습니다.

　김영주 김상년 송○○ 김두황 박춘옥 부원휴 김경인, 이 분들은 우리네 할아버지 할머니 아버지 어머니일 뿐이었습니다. '4·3을 겪은 아프고 무거운 이야기'가 아니라, 그 시절 고향에는 어떤 새가 노래하고 어떤 꽃들이 피어났는지, 무슨 일을 할 때 즐거웠는지, 친구들과는 무얼 하며 지냈는지, 갑돌이와 갑순이 같은 애절한 사랑의 사연은 없었는지…, 뭐 그런 소소하고 아기자기한 이야기를 도란도란 나눌 수 있었으면 얼마나 좋았을까 생각했습니다.

　김영주 김상년 송○○ 김두황 박춘옥 부원휴 김경인, 이분들의 이야기를 정리하는 동안 4·3으로 목숨을 잃거나 행방불명되거나 수감생활을 겪은 수많은 '희생자'들이 억울해하는 목소리가 들리는 듯해 힘들고 고통스러웠습니다.

　4·3 이전으로 시간을 돌려놓지 않는 한, '4·3희생자'들의 억울함은 사라지지 않을 것입니다. 시간을 돌려놓을 수는 없습니다. 그러나 적어도 '더 억

울하게'는 만들지 않거나 조금이라도 덜어줄 수는 있을 것입니다. 그런 의미에서 2011년 10월부터 실시되고 있는 생존희생자 생활보조비 지원 사업은 뜻하는 바가 자못 크다 할 것입니다.

4·3도민연대 양동윤 공동대표는 2011년에 이렇게 얘기했습니다.

"지난 10년 동안 중앙정부도 안 했던 것을 제주도가 조례를 제정해가지고 시행한 겁니다. 제4차 희생자 신고로 인정된 수형생존자들에게 2011년 10월에 첫 지원비가 지급됐습니다. 매월 8만 원…. 적은 거 아닙니다. 가령 후유장애자들에게도 지금 월 8만 원 지급되고 있거든요. 그 돈의 가치도 중요하지만, 더 중요한 건 그분들이 범죄자가 아니었음을 정부로부터 인정받고 그 희생을 위로받는다는 데 있습니다. 금액과 상관없이 그 조치의 의미를 상당히 크게 봅니다. 그러나 이것도 문제가 있지요. 신고한 사람은 그나마 받는데, 신고 안 한 사람들은 또 뭐냐 이겁니다. 이 사람들이 세상을 떠나기 전에 다시 추가 희생자 신고가 이루어져야 되는데, 정권이 바뀌면서부터 이루어지지 않고 있어요. 그런 채로 벌써 4년이나 지났습니다."

4·3이 일어나고, 그 처참한 상황을 겪는 와중에 죄를 알 길 없는 혼란에 밀려 수형의 몸이 되었다가, 풀려났어도 좀처럼 풀리지 않는 족쇄에 갇힌 기나긴 삶 - 대부분의 4·3수형인들이 그런 삶을 살았습니다. 애당초 희생자였던 셈이지요. 그것을 인정 않으려는 몽매(蒙昧)한 사람들 때문에 우여곡절을 겪은 끝에, 4·3이 일어나고 60년이 지난 2007년에야 대부분의 4·3수형인들이 희생자였음이 공식적으로 인정된 것입니다. 그러나 딱 그해 한 해만 '희생자 신고'가 이루어졌을 뿐, 다음 해부터 2011년까지 추가 희생자

신고가 이루어지지 않고 있었던 겁니다.

그러다 2012년, '4·3사건 4차 희생자 신고'가 이루어진 2007년 이후 5년 만에 추가 희생자 신고가 이루어졌습니다. 그동안의 〈4·3사건 희생자 신고현황〉과 〈4·3사건 희생자 결정현황〉은 다음과 같습니다.

4·3사건 희생자 신고현황

2013. 8. 5. 현재

| 구분 | | 희생자수(명) | | | | | 유족수 (명) |
|---|---|---|---|---|---|---|---|
| | 신고기간 | 계 | 사망자 | 행방불명자 | 후유장애자 | 수형자 | |
| 계 | | 15,483 | 10,890 | 4,046 | 245 | 302 | 61,030 |
| 5차 | '12. 12.~ '13. 2. | 383 | 161 | 126 | 38 | 58 | 28,627 |
| 4차 | '07. 6.~ '07. 11. | 727 | 166 | 288 | 29 | 244 | 2,449 |
| 3차 | '04. 1.~ '04. 3. | 347 | 227 | 77 | 43 | - | 714 |
| 2차 | '01. 3.~ '01. 5. | 888 | 632 | 240 | 16 | - | 1,009 |
| 1차 | '00. 6.~ '00. 12. | 13,138 | 9704 | 3,315 | 119 | - | 28,231 |

4·3사건 희생자 결정현황

2014. 5. 23. 현재

| 구분 | 희생자수(명) | | | | | 유족수 (명) |
|---|---|---|---|---|---|---|
| | 계 | 사망자 | 행방불명자 | 후유장애자 | 수형자 | |
| 계 | 14,231 | 10,245 | 3,578 | 163 | 245 | 59,225 |
| 5차('02. 11. 20.) | 1,715 | 1,413 | 242 | - | - | 3,675 |
| 6차('03. 3. 21.) | 1,063 | 916 | 147 | - | - | 2,659 |
| 8차('03. 10. 15.) | 2,266 | 1,930 | 223 | 113 | - | 4,925 |
| 9차('04. 3. 9.) | 1,246 | 1,246 | - | - | - | 2,634 |
| 10차('05. 3. 17.) | 3,539 | 2,465 | 1,010 | 33 | - | 8,261 |
| 11차('06. 3. 29.) | 2,865 | 1,688 | 1,177 | - | - | 5,517 |
| 12차('07. 3. 14.) | 868 | 240 | 628 | - | - | 1,565 |
| 14차('11. 1. 26.) | 469 | 155 | 90 | 10 | 214 | 2,016 |
| 18차('14. 5. 23.) | 200 | 101 | 61 | 7 | 31 | 27,973 |

('제주4·3사건 진상규명 및 희생자 명예회복위원회' 사이트에서)

2007년부터 2014년까지 희생자로 신고한 4·3수형인 수는 302명, 그 가운데 245명이 희생자로 결정됐습니다. 그렇다면 4·3수형생존자는 얼마나 될까, 제주특별자치도 4·3지원과에서 파악한 생존자는 33명입니다. 그러나 이 33명은 신고자들 가운데 생존이 확인된 사람들일뿐입니다. 얼마나 더 많은 사람들이 4·3수형의 기억을 가슴에 늑인한 채 살고 있는지, 그들이 한으로 품고 있을 이야기가 얼마나 더 많이 있는지 알 수가 없습니다. '4·3도민연대'의 양동윤 공동대표는 이렇게 말합니다.

"2000년 1월 〈4·3특별법〉이 제정공포 되고 난 뒤, 4·3도민연대가 첫 번째 한 사업이 그해 5월에 진행된 '전국 4·3유적지 순례'였습니다. 형무소가 전국에 있었고 그 형무소에 당시 제주도민들이 끌려갔고 희생된 곳이었다는 사실을 '수형인명부'를 통해서 안 이후에 매년마다 순례를 했지요. 2005년부터는 사전 조사를 해서 생존자와 관련자를 찾아내 함께 순례했어요. 그렇게 2010년까지 사업을 진행하면서 4·3과 관련된 전국형무소를 다 다녔습니다. 뒤를 이어서 4·3수형에 대한 진상조사를 4·3평화재단에서 해줬으면 좋겠는데, 안 해요. 그래서 할 수 없이 우리라도 해야겠다, 2012년에 준비해가지고 2013년 3월에 수형인 실태조사단(단장; 양동윤, 조사원; 강미경, 강성실, 김영란)을 꾸렸습니다. 그리고 2013년~2014년에 전주형무소 수형인 134명을 대상으로, 2014년~2015년에는 인천형무소 수형인 408명을 대상으로 실태조사를 했습니다. 그래서 2013년 이후 전무형무소 수형인 생존자는 22명이 확인됐는데, 이후 5명이 사망해서 현재 17명이 생존해 있습니다. 인천형무소 수형인 생존자는 13명이 확인됐는데 3명이 사망해서 현재 10명이 생존해 있고, 대구형무소는 5명, 마포형무소는 1명의 수형인 생존자가 확인됐습니다. 그리고 아직도 신고하지 않은 사람들이 있어요. 마지막까지 조사해보면 몇%가 나올지 모르지만 어쨌든 우리가 조사한 전주형무소 수형인 가운데 40% 가까이는 희생자 신고를 안 했어요. 인천형무소 400여 명의 수형인도 마찬가지로 30~40%는 신고를 하지 않은 것으로 파악되고 있어요."

  4·3도민연대는 2016년에 '전주형무소 수형인 실태조사 결과'를, 2017년에는 '인천형무소 수형인 실태조사 결과'를 도민들에게 보고했습니다. 올해, 곧 2018년에는 '목포형무소 수형인 실태 조사 결과'를 보고할 예정이고, 대구형무소 수형인 실태를 조사하고 있는 중입니다. 그리고 앞으로 마포형무소와 대전형무소 수형인 실태조사뿐만 아니라, 수형인 명부에 군법회의에서 사형선고 받은 것처럼 돼있는 384명에 대한 조사를 해야 수형인 명부에 등재된 2,530명에 대한 조사가 끝난다면서, 2020년까지 마무리할 계획으로 조사활동을 진행하고 있다고 합니다.
  4·3수형인은 국가공권력에 의한 희생자이니, 그에 대한 실태조사는 국가가 책임지고 해야 할 일 중의 하나입니다. 그것을 4·3도민연대가 벌써 20년 가까이 하고 있는 것이지요. 조사인력과 경비가 만만치 않을 터, 예산이 걱정되지 않을 수 없겠습니다.

  "4·3수형인 실태조사는 시간싸움입니다. 현재 생존자들은 모두 85세 이상이고, 90을 넘긴 사람이 많아요. 이분들이 살아계실 때 조사를 마칠 수 있으면 좋겠는데…. 인력을 많이 채용해서 진행하면 시간을 앞당길 수 있겠지만, 도에 신청해서 우리가 받을 수 있는 예산은 제한적입니다. 예산을

# 4·3당시 목포형무소 수형인 실태조사

> 4·3도민연대는 4·3당시 목포형무소에 수감되었던 수형인·유족 및 지인들을 대상으로 관련사항을 설문조사하고 있습니다.
> 응답내용은 분석을 통해 4·3진상규명과 희생자의 법적명예회복 사업을 위해 사용됩니다.
> 완전한 4·3해결을 위해 바쁘시더라도 성의 있는 답변을 부탁드립니다.
>
> 2016년 4월

▶조사자         (확인)

| 조사장소 / 일시 | / 월 일 시 ~ 시 분 |
|---|---|
| 응답자 주소 / 연락처 | |
| 희생자와 응답자 관계 | ① 본인(생존) ② 유족(     ) ③ 기타 (     ) |
| 수형인명부 희생자 기록 | ① 이름       ② 나이       ③ 직업<br>④ 본적<br>⑤ 형량   년   ⑥ 언도일자 |
| 희생유형 | ① 생존   ② 사망   ③ 행방불명   ④ 확인불가 |
| 4·3희생자 신고 | ① 신고 (   )   ② 미신고 (   ) |

## Ⅰ. 4·3희생자 신고

1. 4·3희생자신고 하셨습니까?
   - 1-1 생존자   ① 했다      ② 안했다
   - 1-2 유 족   ① 했다      ② 안했다
   - 1-3 지인    ① 했다      ② 안했다

2. 4·3희생자신고 이유는 무엇입니까?  (택 1)
   - ① 당연히 명예회복을 위해 신고해야
   - ② 신고하면 혜택이 있을 것 같아서
   - ③ 남들이 하니까
   - ④ 안하면 무슨 일 당할까봐          ⑤ 기타

3. 4·3희생자 신고 하지 않은 이유는 무엇입니까?  (택 1)
   - ① 수감사실 등을 밝히고 싶지 않아
   - ② 아직도 때가 아닌 것 같아
   - ③ 신고하는 것을 잘 몰라서          ④ 기타

Page. 1

4. 현재 생활지원비는 받고 계십니까 ?

　　① 지원 받고 있다 (  )　　② 지원 받지 않고 있다 (  )
　　③ 지원되는 것을 알지만 자격이 되지 않는다　(  ) ☞ 문4-1 응답

　4-1. 왜 자격이 되지 않으십니까 ?

　　　① 연령이 되지 않는다 (유족)　(  )　② 유족으로 인정받지 못해서 (  )
　　　③ 4·3희생자신고를 하지 않아서 (  )　④ 기타　(  )

5. 현재 생활지원금 지원은 만족하십니까 ?

　　① 매우 만족하고 있다(  )　② 만족하고 있다 (  )　③ 부족하다 (  ) ☞ 문5-1 응답

　5-1. 현재 생활지원금이 미흡하다면, 최소한 얼마정도가 적절하다고 생각하십니까 ?

　　　① 월 10만원 (  )　② 월 15만원 (  )　③ 월 20만원 (  )
　　　④ 월 21만원 이상 (  )

6. 4·3희생자로 결정되면 본인이나 유족이 사망 시 장제비가 지원되는데, 이를 알고 계십니까

　　① 알고 있다 (  )　② 모른다 (  )

## Ⅲ. 인천형무소 방문 관련

1. 인천형무소 수형자로서 4·3유족회에 가입하셨습니까 ?

　　① 가입했다 (  )　② 가입하지 않았다 (  )

2. 옛 인천형무소 같은 곳은 4·3역사유적지입니다. 방문한 적이 있으십니까 ?

　　① 있다 (  )　② 없다 (  )

　2-1. 방문하셨다면, 옛 인천형무소 터를 어떻게 방문하셨습니까 ? (생존자·유족)

　　　① 4·3유족회와 도민연대의 전국4·3유적지 순례 (  )　② 개인적으로 방문했다 (  )
　　　③ 기타 (  )

3. 옛 인천형무소 터를 순례(방문)한다면 가시겠습니까 ?

　　① 가보고 싶다 (  )　② 갈 생각이 없다 (  )

〈4·3 당시 인천형무소 수형인 실태조사〉 설문지 중에서

30. 4·3 해결과정에서 미흡한 점을 해결하기 위해 우선해야 할 일이 무엇이라고 생각하십니까?
   ① 의료·생활지원비 등 생활지원 확대
   ② 당시 갈등집단과의 화해와 상생
   ③ 당시 불법재판 재심청구 등 명예회복 노력
   ④ 당시 피해에 대한 배상·보상 청구
   ⑤ 기타 (                    )

※ 4·3과 관련해서는 아직 진행된 바가 없지만 유사한 사건들의 재심신청이 이루어져 국가공권력의 잘못에 대해 법원의 배상판결 및 당사자들의 무죄판결이 잇따르고 있습니다.

31. 4·3과 비슷한 시기, 유사한 사건들에 대해 법원의 재심판결이 이루어지는 것을 알고 계십니까?
   ① 전혀 모른다
   ② 어렴풋이 알고 있다
   ③ 잘 알고 있다
   ④ 기타 (                    )

32. 4·3과 관련해서도 재심 신청이 이루어진다면 어떻게 하시겠습니까?
   ① 남들이 하면 하겠다
   ② 재심 신청을 하지 않겠다
   ③ 재심 신청을 하겠다
   ④ 기타 (                    )

33. 4·3과 관련한 재심 신청은 어떤 방식이 되어야한다고 생각하십니까?
   ① 기존의 4·3유족 단체들을 통해서
   ② 희생 당사자, 유족 등이 새로 모임을 만들어서
   ③ 제주도, 도내 4·3관련단체 등 사회적 협의체를 통해서
   ④ 기타 (                    )

33. 4·3관련 재심 신청은 언제 이루어져야 한다고 생각하십니까?
   ① 이미 늦었다
   ② 준비 되는대로 즉시 하는 것이 좋다
   ③ 아직은 때기 아니다 더 기다려야 한다
   ④ 기타 (                    )

♣ 끝까지 응답해 주셔서 대단히 감사합니다. ♣

〈4·3 당시 전주형무소 수형인 실태조사〉 설문지 중에서

확보하기가 어렵습니다. 안타까운 일이지요. 이분들의 한을 살아계실 때 풀어드려야 하는데….”

4·3도민연대에서 조사하고 있는 4·3수형인 희생자 실태는 아직 진행 중이기 때문에 그 결과를 들을 수는 없었지만, 양동윤 공동대표의 이야기 가운데 관심을 끄는 내용이 있습니다.

“그동안 제주도가 시행한 것 중에 생활지원비 지원, 의료지원비 지원 같은 사업들이 있어요. 그에 대한 만족도 조사도 하고 있고. 2000년에 4·3특별법이 제정되고 2014년에 국가기념일로까지 지정됐는데, 지금까지 잘 된 것은 무엇이고 잘 안된 것은 무엇이라 생각하느냐는 것도 물었거든요? 우리가 주목하는 것은 '잘 안됐다고 생각하는 것은 무엇인가' 하는 것인데, 그것이 '법적 명예회복', 그다음이 '손해배상'이라고 답했습니다. 그에 대해 재심청구소송을 하겠는가를 물었더니, 흥미로우면서도 가슴 아픈 것은 유족들의 경우 나서겠다는 사람도 있지만 '놈의 대동'이라, '남들이 하면 하겠다, 같이하면 하겠다'는 겁니다. 아직도 4·3사건의 여운이 남아있는 것이지요. 그런데 수형생존자들 특히 전주형무소에 수감됐었던 할머니들은 '꼭 하겠다'고 합니다.”

4·3수형인들에게 70년 전의 판결과 집행에 대한 재심청구는 어떤 의미일까요?

애당초 4·3희생자였던 이들은 국가에게 60년이 지난 2007년에야 '희생자로 인정했다는 것만으로 명예회복이 됐다보는가?' 묻고 싶은 겁니다. 그래서 재심을 통해 '법적 명예회복'을 이루고 싶은 것이지요. 4·3수형생존자들의 이러한 바람은 4·3진상규명의 본질적인 문제에 대해 다시 생각하게 합니다.

하나같이 자신들의 '무엇'이 수형생활을 해야 할 만큼 '범죄'가 됐던 것인지 모르겠다던 일곱 분의 4·3수형생존인 이야기 가운데, 4·3 당시 받았던 '재판'에 대한 부분을 다시 떠올려 보겠습니다.

김두황: "한 사람씩 관덕정 옆에 재판소에 불려가서 조사 받았어요. 무서워서 항변 한마디 못하고, 안 한 거 했다고 하고 징역 1년을 선고 받았습니다."

김상년: "관덕정 마당으로 데려가더니 전부 꿇어앉혀요. 사람들이 마당에 꽉 차게 앉아 있었어요. 그것뿐이었어요."

박춘옥: "어느 날 강당 같은 데 앉혀놓고 사람들 이름 부르면서 몇 년, 몇 년 그럽디다. 시간도 얼마 안 걸렸어요. 그게 재판이었던 모양이라."

송○○: "군인이 서서 장부 같은 거 걸으면서 아무개 석방, 아무개 몇 년, 아무개 무기, 아무개 사형, 착착 착착 불러요. 시간도 얼마 안 걸렸어요."

부원휴: "군인 셋이 앉아서 이름을 부르대요. 한 40~50명 이름을 다 불러요. 그걸로 끝이에요. 이름만 부르고 끝이야."

김경인: "줄지어서 관덕정 갔다 왔는데…, 가라면 가고 오라면 오고 무서워서 시키는 대로 했주. 그게 재판이었나?"

김영주: "경찰들이 한 번에 50명이고 100명이고 데리고 관덕정 근처에 있는 취조실로 가요. 취조관이 엎드리라고 하더니 대나무 잘라진 걸로 때리면서 '너는 무슨 이유로 지금까지 산에 있었느냐' 그래요. '우리 땅에서 우마 촐 먹이러 가 있었다' 그랬는데, 그걸로 끝이야. 죄목이 뭔지 몇 년 형인지도 일절 모르고."

이는 1949년 일반재판(김두황)과 1948년 군법회의(김상년 박춘옥 송○○ 부원휴), 1949년 군법회의(김경인 김영주) 재판의 모습입니다. 이들을 포함한 수천 명의 제주도민들이 받았던 4·3 관련 재판에 대한 기록은 1999년에 처음 공개됐습니다.

> 1999년 9월 15일 국민회의 추미애 의원은 정부가 소장하고 있던 4·3 당시 1,650명의 군법회의 수형인명부와 1,321명의 일반재판 기록을 발굴해 공개했다. 추 의원은 정부기록보존소로부터 관련 자료를 입수해 이날 공개한 것인데, 4·3 관련 정부문서 공개는 4·3 발발 50년 만에 처음 있는 일이어서 중앙언론도 크게 보도하는 등 전국적인 화제가 됐다.
> 추 의원이 4·3 관련 정부자료를 찾기 위해 행정자치부 산하 정부기록보존소(대전 소재)를 찾은 것은 그해 초였다. (중략) 추 의원 측은 4·3 관련 재판기록 일체와 연좌제 적용자료, 심문조서, 군·경의 작전·정보 기록 등을 요청했다. 그로부터 6개월 후 정부기록보존소는 군법회의 수형인명부와

일반재판 기록을 찾아내어 추 의원에게 제출한 것이다.

　세상에 처음 나온 4·3 관련 재판기록 중 특히 군법회의 수형인명부가 이목을 끌었다. 제주4·3 당시 민간인을 대상으로 한 군법회의는 1948년 12월과 1949년 6~7월 두 차례 실시되었다. 1차 871명과 2차 1,659명 등 모두 2,530명이 저촉되었다. 그러나 4·3 당시 군법회의는 법률이 정한 절차를 제대로 진행하지 않은 '탁상재판'이었다. 2003년 정부 4·3위원회는 4·3군법회의가 불법적인 재판이었다는 결론을 내렸다.(후략)

〈4·3진실찾기 그 길을 다시 밟다 / 양조훈 / 2011.10.7. 제민일보〉

1999년, 수형인명부 등 4·3 관련 재판기록이 공개되자 '4·3도민연대'에서 데이터베이스 작업을 시작했습니다. 양동윤 공동대표는 이렇게 말합니다.

"4·3진상을 규명하는데 가장 안타까운 것은 뭐냐 하면 기록이 없다는 거예요. 그런데 유일하게 남아있는 게 수형인명부 등의 재판기록입니다. 이게 공개되고 DB작업을 몇 개월 안 걸려서 해냈어요. 박찬식 씨가 고생을 많이 했습니다. 그리고 이에 대한 진상규명작업이 이어져야 했는데 못했어요. 그럼에도 불구하고 4·3중앙위원회 사업에서 2003년 10월에 진상보고서가 나왔잖아요? 그 다음에 이 작업을 해줘야 했는데, 안 했어요. 2007년에 4·3특별법이 개정되고 2008년에 재단이 출범합니다. 재단이 진상규명하도록 법이 개정되어 2012년 재단에 4·3추가진상조사단 꾸려졌어요. 그러면 유일무이하게 정부에 기록이 있는 이걸 가지고 진상규명사업을 해줘야 되는데도 불구하고 지금까지 안 해요. 이런 명부에 등재된 2,530명이 감옥 간 기록이 있음에도 아무 데서도 접근을 안 하니까, 우리가 실태조사를 통해 생존자들도 확인하고 증언도 채록하고 지금까지 여러 가지 정리를 해왔던 것이죠. 전주와 인천, 목포 3개 형무소 수형인 실태조사만으로도 27명의 생존자를 찾아냈는데, 형무소 전체를 대상으로 하면 얼마나 더 많은 생존자가 나올지 모르지요. 살아있는 사람들만큼 중요한 건 없지요. 실지 당시에 체포당했고, 징역을 살았고, 그다음에 구사일생으로 살았고, 지금까지 살아있는데…. 국가기록인 수형인명부가 있고, 수형생존자들이 있는데 진상규명을 못 한다? 말이 안 되죠. 벌써 했어야 했어요. 늦었다고 할 때가 제일 빠른 때라지만, 더 늦기 전에 해야 돼요. 4·3수형자들에 대한 진상규명, 이걸 해야 4·3이 마무리돼요."

4·3도민연대가 실태조사를 통해 확인한 40여 명의 4·3수형 생존자 가운데 2016년까지 생존한 사람은 모두 36명이었습니다. 그 가운데 18명이 2017년 4월 19일, 제주지방법원에 4·3재심청구를 했습니다.
왜 36명 모두 재심청구를 하지 않은 것일까, 양동윤 공동대표는 이렇게 말합니다.

"가족동의를 받지 못했기 때문입니다. 지금은 다 받을 수 있을 거 같은데, 작년에는 가족이 동의를 안 해주더라고요. 그 이유가…, 제가 볼 때는, 첫 번째는 자손들이 관심이 없는 경우가 있고, 두 번째는 관심은 있는데 확신이 안 서는 경우, '그거 해도 될까?' 신뢰하지 않는 것이지요. 그리고 자손들한테 아직까지 얘기를 안 한 경우입니다. 아직까지 4·3에 대한 트라우마를 안고 있는 것이지요."

2010년에 이야기를 들려준 일곱 분 가운데 김경인·박춘옥 할머니와 부원휴 할아버지도 4·3재심 청구를 준비했습니다. 이들을 비롯해 열여덟 명의 4·3재심 청구인은 다음과 같습니다.

| 성명 | 성별 | 출생년도 | 나이 | 수감됐던 형무소 | 비고 |
| --- | --- | --- | --- | --- | --- |
| 김경인 | 여 | 1932 | 86 | 서대문형무소 | |
| 김순화 | 여 | 1933 | 85 | 전주형무소 | |
| 김평국 | 여 | 1930 | 88 | 전주형무소 | |
| 박춘옥 | 여 | 1931 | 87 | 전주형무소 | 호적이름 박내은 |
| 박동수 | 남 | 1933 | 85 | 인천형무소 | |
| 박순석 | 여 | 1928 | 90 | 전주형무소 | |
| 부원휴 | 남 | 1929 | 89 | 인천형무소 | |
| 양일화 | 남 | 1929 | 89 | 인천형무소 | |
| 양근방 | 남 | 1933 | 85 | 인천형무소 | |
| 오계춘 | 여 | 1925 | 93 | 전주형무소 | |
| 오영종 | 남 | 1930 | 88 | 대구형무소 | |
| 오희춘 | 여 | 1933 | 85 | 전주형무소 | |
| 임창의 | 여 | 1921 | 97 | 전주형무소 | |
| 정기성 | 남 | 1922 | 96 | 마포형무소 | |
| 조병태 | 남 | 1929 | 89 | 인천형무소 | |
| 한신화 | 여 | 1922 | 96 | 전주형무소 | |
| 현우룡 | 남 | 1925 | 93 | 대구형무소 | |
| 현창용 | 남 | 1932 | 86 | 인천형무소 | |

2018년 현재 이들 18명의 평균 나이는 89세, 그 가운데 가장 많은 나이는 97세, 가장 적은 나이도 85세에 이르고 있습니다. 1948년 혹은 1949년 그때 열예닐곱 꽃다운 나이였거나 스물 몇 살 푸르디푸른 청춘이었던 이들이 팔구십 노파가 되어 다시 재판을 받겠다고 나선 것입니다.

2018년 2월 5일, 드디어 4·3재심 청구에 대한 첫 심문이 열렸습니다. 다음은 그날의 상황을 전하는 신문기사 내용입니다.

> 4·3 발발 70년 만에 구순의 노인들 법정 출두
> 제주지법, 5일 재심개시 여부 결정 위한 심문
> "범죄 사실 아무도 몰라" 공소사실 특정 쟁점
> 4·3 당시 억울하게 옥살이한 피해자들이 휠체어에 의지하거나 가족의 손을 잡고 법정에 출석했다. 백 살을 눈앞에 둔 이들은 재판 도중 재판부에 할 말이 있다며 손을 들기도 했으며, 재판부 역시 방청석과 질문을 주고받으면서 법정 분위기가 자유토론장을 방불케 했다.

제주지방법원 제2형사부(재판장 제갈창 부장판사)는 5일 오후 201호 법정에서 18명의 4·3수형인들이 제기한 '4·3재심청구'와 관련해 재심 개시 여부를 가리기 위한 심리를 진행했다. 이날 법정에는 재심을 청구한 고령의 피해자들뿐만 아니라 4·3 등 시민사회단체 관계자들도 대거 참석해 4·3 발발 70년 만에 제기한 재심에 쏠린 관심의 무게를 알려줬다.

재판부는 이날 심리에서 4·3재심 사유가 인정되는지를 판단하기 위해 학자들에게 질의하고, 외국의 사례도 찾아봤지만 확답을 얻거나 전례를 찾아볼 수 없었다며 어려움을 토로했다. 그러면서 재판부는 당시 공소사실이 남아 있지 않아 재심을 개시하기 어렵다며 변호인측과 방청석을 향해 "당시 계엄 자체의 위법성과 관련해 일제 하 구 계엄령 관련 자료가 있는지 확인해달라"고 주문하는 등 적극성을 보였다.

재판부는 "재심을 위해선 공소사실이 특정돼야 하지만 지금으로선 공소사실이 특정되지 않아 재심하면 기각할 수밖에 없고, 그렇다면 재심의 의미가 없다"며 "희생자 중 무장대와 비무장대를 어떻게 구분하나? '무고한' 희생에 관한 재심이 돼야 하고, 그에 대한 부분을 판단할 수 있는 근거가 있어야 한다"고 지적했다.

재판이 끝난 뒤 장완익 변호사는 "재판부는 아직까지 당시의 판결문, 공소장, 수사기록, 재판기록 등 구체적인 기소사실이 나오지 않아 재심 절차가 적법한지 고민인 것"이라며 "검찰이나 국가기록원은 자료가 있다고 하니 그걸 받아서 검토해보고, 앞으로 당시 재판이 있었던 걸 입증하면서 쟁점을 정리해 나갈 계획"이라고 말했다.

한편 법원은 오는 3월 19일 오후 2시 재심을 청구한 수형인 4명과 함께 전문가를 증인으로 불러 두 번째 심문기일을 진행할 예정이다.

앞서 4·3도민연대는 4·3수형생존인 18명과 함께 지난해 4월 19일 대한민국을 상대로 제주지방법원에 '4·3재심청구서'를 제출했다.

4·3도민연대는 "1948년과 1949년의 군법회의는 민주국가에서 재판이 갖춰야 할 최소한의 절차도 없이, 또 판결문도 없는 '초사법적 처형'이었다"며 "이번 4·3재심청구소송은 형사재판을 다시 해달라는 단순한 재판개시 요구가 아니라 전쟁도 아닌 상황에서 국가공권력에 의해 어이없이 숨겨간 3만여 4·3영령의 희생과 수만 명에 달하는 유가족의 불명예를 회복하고 전 제주도민의 자존을 되찾으려는 간절하고 절실한 요구"라고 강조했다. (한라일보, 표성준 기자)

4·3수형인 질곡의 역사, 마침내 법정으로
### 70년만의 외침 "억울함 풀어달라"
제주지법, 5일 4·3재심청구 첫 심문부터 개시 적법성 토론
재판부 공소사실 특정 안 돼 난관…"공권력 잘못 바로잡아야"

4·3 당시 정당한 재판도 없이 억울하게 수형됐던 피해자들이 70년 만에 재판장에 출석해 사법기관이 국가공권력의 잘못을 바로 잡아줄 것을 호소했다. 하지만 4·3재심청구 첫 심문부터 개시자체의 적법성에 대한 난상토론이 이어졌다.

제주지방법원 제2형사부(재판장 제갈창 부장판사)는 5일 오후 4·3수형인 18명이 제기한 '4·3재심청구'와 관련해 재심개시 여부를 가리기 위한 심리를 진행했다.

재판부는 공소장, 판결문, 수사기록, 재판기록 등이 없는 상황에서 4·3재심 사유가 인정되는지를 판단하기 위해 학자들에게 질의하고, 외국의 사

례도 찾아봤지만 확답을 얻거나 전례를 찾아볼 수 없었다며 어려움을 토로했다.

재판부는 변호인측이 재심청구 근거로 내세운 군사재판 수형인명부에 대해 사후작성 의혹이 있는 등 적법성에 대해 의문을 제기했다.

또 4·3수형인의 경우 현재 공소사실이 특정되지 않아 재심해도 기각할 수밖에 없기에 재심 자체의 의미가 없다는 입장도 내놓기도 했다.

재심을 진행하려면 청구인 가운데 실제로 무고하게 수형됐는지 가려야 하고, 무장대와 비무장대를 구분해 판단할 수 있는 근거가 있어야 한다고 지적했다.

변호인측은 수형인 명부는 국가가 작성했고 범죄경력조서와도 대부분 일치해 증거로 충분하며, 이번 재심청구는 국가공권력에 의한 잘못을 바로 잡는 것이기에 공소사실 특정이나 무장대와 비무장대를 구분하는 것은 무의미하다고 반론했다.

1948년 군법재판에 넘겨져 징역 5년을 선고받아 옥살이를 한 양일화 할아버지(89)는 70년 만에 4·3 관련 재판장에 서며 "잘못한 일도 없는데 형무소를 다녀왔다. 죽기 전에 이 억울함과 한을 풀고 편하게 눈을 감을 수 있도록 해달라"고 재판부에 간곡히 요청했다.

한편 법원은 다음달 19일 오후 2시 재심을 청구한 수형인 4명과 함께 전문가를 증인으로 불러 두 번째 심문기일을 진행한다. (제민일보, 김용현 기자)

"2월 5일 날 눈이 많이 내리는 바람에 4·3재심 청구인들이 법정에 다 못 모이셨어요. 8명이 나오셨는데 재판에 앞서 '가슴이 막 뛴다'고들 하시더라고요. 양일화 할아버지는 건강이 안 좋아졌는지 그날 휠체어를 타고 있었는데, 재판 끝나갈 때 되니까 한마디 하시겠다고 해요. 그리고는 '죽기 전에 이 억울함과 한을 풀 수 있도록 재판장이 관심을 가져달라'고, 작은 목소리로 말씀하시는데, 울컥하더라고요. 3월 19일에 두 번째 심문이 진행될 4명은 김평국·오희춘 할머니와 부원휴·현창용 할아버지입니다."

2월 5일 내내 4·3재심 청구인들과 함께 했던 4·3도민연대의 양동윤 공동대표의 말입니다. 그는 또 이렇게 말합니다.

"2005년부터 4·3수형 생존자들이 매달 한 번씩 모였어요. 처음에는 전주형무소에 수감됐던 여자 분들만 모였는데, 남자 분들이 '할망들 모인다면서? 같이 모이게' 해서, 2006년에 4·3수형인 생존자 모임을 만들었어요. 이 모임에서 부원휴 할아버지는 56년 만에 화북초등학교 동창생을 만나기도 했지요. 생존자 분들이 매달 한 번씩 모이기로 결정한 거예요. 언제 죽을지 모른다면서…. 실제로 돌아가신 분도 있지요. 매달 한 번씩 모인다고는 해도 나오시는 분들은 열 명 내외입니다. 집안에 일이 있기도 하고, 아프시기도 하고…. 모임 때마다 느끼지만, 그분들 해마다 기력이 현저히 떨어지는 게 눈에 보입니다."

2010년 여름에 만났던 일곱 분의 4·3수형인 가운데 김영주 할아버지는 2014년 9월에 93세를 일기로 세상을 떠나고 말았습니다. 진상규명을 위해 우리가 기댈 수 있는 '살아있는 역사' 4·3수형생존자 분들의 나이도 90을 바라보거나 넘겼습니다. '더 늦기 전에' 그들의 가슴에 늑인된 부당한 굴레가 말끔히 벗겨지기를 간절히 바랍니다.